하나님의 임재를
경험함

네비게이토 선교회는
국제적이며 복음적인 기독교 기관이다.
예수 그리스도께서는 자기를 따르는 자들에게
"너희는 가서 모든 족속으로 제자를 삼으라"
(마태복음 28:19)는 지상사명을 주셨다.
네비게이토 선교회는 세계 모든 국가에서
예수 그리스도의 일꾼들을 배가시켜
이 지상사명을 성취하는 일을 돕는 것을
근본 목표로 하고 있다.

네비게이토 출판사는
네비게이토 선교회의 문서 선교를 담당하고 있다.
본 출판사에서는 그리스도인의 영적 성장을 돕는
서적과 자료들을 출판하여,
그리스도인의 삶의 기초가 견고한
헌신된 제자로 성장하고,
나아가 성숙한 인격과 지도력을 갖춘
일꾼이 되도록 돕고 있다.

Translated by permission
Title originally published in English as
EXPERIENCING GOD'S PRESENCE
by NavPress, a ministry of The Navigators
Copyright ⓒ 2003 by Ruth Myers
Korean Copyright ⓒ 2010 by Korea NavPress

하나님의 임재를 경험함

Experiencing God's Presence

마이어즈 부부 지음

Warren & Ruth Myers

네비게이토 출판사
TO KNOW CHRIST AND TO MAKE HIM KNOWN

목 차

시작하면서 7
단원 1을 위한 성경공부 지침 13
단원 2를 위한 성경공부 지침 19

   1. 하나님을 찾음 29
   2. 하나님을 의지함 35
   3. 하나님과 친교를 나눔 41
   4. 하나님의 말씀을 경청함 47
   5. 하나님을 온전히 신뢰하고 마음을 토함 53
   6. 하나님 안에 거함 59
   7. 하나님과 동행함 65
   8. 하나님께 순종함 71
   9. 하나님을 섬김 77
   10. 하나님의 돌보심을 누림 83
   11. 하나님의 가족들과 교제함 89
   12. 하나님을 기뻐함 95
   13. 복습 101

다음 공부를 위한 제안 107
참고 도서 109
저자 소개 111

시작하면서

하나님께서는 우리 한 사람 한 사람에게 깊은 관심을 가지고 계십니다. 성경이라는 특별한 책을 우리에게 주셨다는 사실 자체가 하나님께서 우리와 개인적이고 인격적인 대화를 얼마나 원하시는지를 잘 보여 줍니다. 하나님께서는 우리를 자신에게로 이끌어 친밀한 교제를 나누기를 간절히 원하십니다. 만일 성경에다 부제목을 붙인다면 '인간과 함께하시며 인간의 삶에 개입하시는 하나님'이라고 할 수도 있겠습니다. 성경 전체에 걸쳐 잘 나타나 있는 하나님의 메시지는 다음과 같습니다.

내 마음은 온통 사람에게 쏠려 있다. 사람을 창조하기 전부터 나에게는 사람들에게 나의 사랑을 나타낼 계획이 있었다. 참으로 숭고하고 확실한 방법으로 말이다. 바로 나를 반역하고 내게 아무 쓸모도 없을 사람들을 위해 내 사랑하는 아들을 보내어 대신 죽게 하는 것이다. 내가 아들을 보내는 것은 세상에 태어나는 모든 사람이 나와 친밀한 관계 속에 살도록 하려는 것이다. 나는 내 음성에 응답하고 내 목적을 함께 이루어 갈 사람들을 늘 찾고 있다. 나는 그런 사람들을 사랑의 줄로 내게로 이끌며, 그들 각자와 결코 끊어지지 않는 신실한 관계를 맺을 것이다. 이를 위해 나는 자신을 헌신하고 있다. 그들이 나와 함께하기를 좋아한다면 나는 언제든지 그들을 이끌어 참으로 기쁘고 가치 있는 삶을 살게 할 것이다. 이 세상에서부터 영원한 나라에 이르기까지.

영광과 위엄 중에 계신 하나님, 절대주권을 가지신 창조주 하나님께서 우리와 함께하기를 간절히 원하신다니, 상상이 가기나 하는 일입니까? 우리의 모든 삶에 개입하시며, 우리의 모든 필요를 채워 주기를 원하신다니, 생각만 해도 깜짝 놀랄 일 아닙니까? 하나님께서는 우리의 아버지시요 친구시며, 우리 영혼의 구원자시요 모든 어려움에서 건져 주시는 분이십니다. 또한 우리의 공급자시요 인도자시며 보호자시기도 하십니다. 성경에서는 거듭거듭 하나님께서 어떠하신 분이신지를 보여 주고 있습니다. 하나님께서는 우리의 배고픔을 해결해 주는 '떡'이시요, 우리의 목마름을 해소해 주는 '생수'이십니다. 우리 사람에게는 신체적 필요뿐만 아니라 누군가와 친밀한 관계를 맺어야 할 사회적 필요도 있는데, 하나님께서는 이 필요를 다 채워 주십니다. 뿐만 아니라 하나님께서는 우리 영혼의 가장 깊은 필요까지도 채워 주기 원하십니다. 지금부터 영원까지 하나님께서는 우리가 하나님의 품 안에서 늘, '난 안전해. 그리고 난 귀하고 중요한 존재야'라고 느끼며 살게 하기를 원하십니다.

하나님께서는 우리가 어린아이처럼 하나님께 나오기를 원하십니다. 기본적으로 어린아이는 다른 사람과의 관계에서 의지하려는 태도가 있으며, 자신의 필요에 관심이 쏠려 있습니다. 그래서 다른 사람에 대해 마음속으로 이런 질문을 던집니다. '이 사람은 나의 어떤 필요를 채워 줄까? 내게 대해 어떤 마음을 가지고 있을까? 이 사람을 의지해도 될까?'

'하나님께서는 나의 어떤 필요를 채워 주실까?' 참으로 좋은 질문입니다. 하나님께서는 언제나 우리의 모든 필요를 채워 주기 원하십니다. 우리의 모든 필요는 오직 하나님만이 채워 주실 수 있습니다. 우리는 이 사실을 인정해야 합니다. 하나님께서는 우리가 그분을 의지하고, "오늘날 우리에게 일용할 양식을 주옵소서"라고 구하기를 원하십니다. '일용할 양식'에는 오늘 하루 내가 살아가는 데 필요한 모든 것이 포함됩니다.

그러나 하나님과 더 만족스러운 관계를 누리려면 이런 질문도 해보기 바랍니다. '나는 하나님께 무엇이 될 수 있을까? 그분의 어떤 필요를 내가 채울 수 있을까? 하나님의 목적 중에서 내가 기여할 수 있는 것은 무엇일까?' 이런 질문들이 어떤 이들에게는 두려움을 자아냅니다. 그들은 묻습니다. "크고 두려우신 하나님께서 자기의 목적을 위해 나를 사용하실 거라고요? 그렇다면 나는 어떤 대가를 치러야 하나요?" 그런가 하면, 이런 질문들이 부적절하고 심지어 말도 안 된다고 하는 사람들도 있습니다. 그들은 이렇게 생각합니다. '하나님께서는 스스로 계시는 분이시다. 그래서 아무도 의지하실 필요가 없다. 아무것도 부족하신 게 없다. 그런데 어떻게 그분께 무슨 필요가 있을 수 있겠는가? 도대체 내가 무엇을 그분께 드릴 수 있겠는가? 모든 게 다 하나님으로부터 나온 것 아닌가? 그러니 내가 '드리는' 것이 있다 한들 그건 원래부터 하나님 것이다. 만약에 하나님께서 무슨 필요가 있거나 부족하신 게 있다 해도 나한테 뭘 달라고 하지는 않으실 것이다. 온 세상 모든 것이 다 그분의 소유니까요.'

만약 '필요'라는 말의 정의를 '존재하거나 살아가기 위해 요구되는 물질적인 어떤 것'으로만 한정한다면 앞의 질문들은 실제로 터무니없는 것입니다. 그런 의미에서는 하나님께 어떤 필요도 없습니다. 하지만 '필요'는 '마음속으로 열망하는 어떤 것'을 의미하기도 합니다. 하나님께는 열망이 있습니다. 하나님께서는 우리를 사랑하실 뿐만 아니라 우리의 사랑을 열망하십니다. 영원 전부터 하나님께서는 자신의 사랑을 우리에게 단단히 고정시키셨으며, 친밀함을 나누는 기쁨과 신나는 목적을 위해 우리를 따로 떼어 놓으셨습니다. 영원 전부터 하나님께서는 자신을 위해 가족을 구성하기로 계획하셨으며, 자기 아들을 위해 신부를 마련해 주기로 계획하셨습니다. 자녀를 극진히 사랑하는 아버지는 자녀와의 친밀한 관계를 필요로 합니다. 신부를 사랑하는 신랑에게는 신부의 사랑의 응답이 필요합니다. 마찬가지로, 우리를 극진히 사랑하시는 하나님께는 우리의 사랑의 응답이 필요합니다.

이 공부는 '하나님께서는 나에게 무엇이 되시는가?'라는 질문과 '나는 하나님께 무엇이 될 수 있는가?'라는 질문에 대해 올바르고 만족스런 답변을 할 수 있게 해줄 것입니다. 이 공부는 또한 하나님께 올바로 응답하고 하나님의 임재를 좀 더 온전히 경험하는 길로 당신을 안내해 줄 것입니다. 공부를 해나갈 때 하나님에 대한 잘못된 생각에서 벗어나게 해주시도록 기도하십시오. 당신이 하나님에 대해 가지고 있는 어떤 개념은 겉으로 보기에는 옳으나 실상은 속이 텅 빈 것일 수도 있습니다. 만약 진정으로 올바른 개념을 갖는다면 그러한 개념은 당신의 영혼을 사로잡아 당신의 삶을 바꾸어 놓을 수 있습니다. 성령께서 당신을 하나님의 진리 가운데로 인도해 주시며 하나님과 새롭게 동행하는 삶으로 인도해 주시도록 기도하십시오.

혹시 지금 당신은 자신을 온전히 드리는 태도로 하나님께 나아가기가 주저됩니까? 하나님께서 당신과 함께하시며 당신의 모든 삶에 개입하기를 원하신다는 생각 자체가 당신을 두렵게 합니까? 진정한 사랑을 원하기는 하나 누구를 신뢰한다는 것이 어렵습니까? 마음 한구석에 하나님께서 당신을 사람들 앞에서 낮추시면 어쩌나 하는 염려나 당신에게 너무 큰 희생을 요구하실지도 모른다는 두려움이 있습니까? 만약 두렵고 주저하는 마음이 든다면 그것을 하나님께 솔직히 인정하십시오. 당신의 현재 모습 그대로 하나님을 찾으십시오. 하나님께서 하나님의 말씀을 통하여 당신의 삶에 개입하실 기회를 드리십시오. 그러면 당신의 두려움과 의심과 염려를 해결해 주실 것입니다. 그분의 사랑으로 당신 속의 장벽을 녹이실 것입니다. 당신과 함께하시고 당신 모든 삶에 개입하셔서 날마다 그리고 평생토록 만족이 넘치는 삶을 살게 해주실 것입니다.

어떤 관계든 만족스런 관계를 누리려면 시간을 투자하고 마음을 들여야 합니다. 관계는 가꾸어야 하는 것입니다. 그러려면 종종 긴급하기는 하나 크게 중요하지 않은 관심사를 제쳐 두는 대가도 치러야 합니다. 하나님께서는 당신과 친밀한 관계를 가지려고 먼저 행동을 취하셨습니다. 이제 당신이 행동할 차례입니다. 날마다 당신이 어떤 선택을 하느냐가 하나님과 얼마나 풍성한 관계를 가질지를 결정합니다.

　…여러분이 하나님의 놀라운 사랑의 토양 속에 깊이 뿌리를 내리게 되기를 기도합니다. 모든 하나님의 자녀들이 그러하듯이 여러분도 하나님의 사랑이 참으로 얼마나 한없고 넓으며, 얼마나 깊고 높은가를 깨닫기를 기도합니다. 그리고 그 사랑이 너무도 커서 여러분은 그 끝을 볼 수도 없고 또 그 사랑을 다 헤아릴 수도 없음을 스스로 체험할 수 있기를 기도합니다. 그래서 마침내 하나님의 모든 충만하신 것으로 여러분도 충만하게 되기를 기도합니다. (에베소서 3:17-19, 현대어성경)

단원 1을 위한
성경공부 지침

이 성경공부 시리즈는 새로운 방법으로 성경 말씀을 공부하고 이해하며, 나아가 공부를 통해 발견한 진리를 삶 가운데 적용할 수 있도록 돕고자 하는 목적에서 만든 것입니다. 하나님의 임재를 경험하는 삶에 대하여 각 주제마다 두 단원으로 나누어 공부하는데, 단원 1에서는 하나님의 임재를 경험하는 삶의 한 측면을 여러 각도에서 살펴보며, 단원 2에서는 그 주제를 보다 깊이 있게 다룹니다. 단원 2는 단원 1의 내용을 보완하는 것으로 필요에 따라 할 수도 있고 하지 않을 수도 있습니다.

하나님의 임재를 경험하는 삶에 관한 이 진리들을 깨닫고 적용하기 위해서는 시간을 내어 성경 구절들을 가지고 묵상하며 기도해야 합니다. 기대하는 마음으로 공부에 임하십시오. 그리고 성령께서 하나님을 더 잘 알고자 하는 마음을 북돋아 주시도록 기도하십시오. 먼저 혼자서 공부한 다음, 미리 공부를 해온 다른 사람들과 함께 그룹으로 모여서 깨닫고 적용한 바를 서로 나누면 이 공부를 통해서 최대의 유익을 얻을 수 있습니다.

자신의 형편과 필요에 맞추어 공부할 시간을 내십시오. 단원 1부터 먼저 하고, 더 나아가 보다 깊이 있게 공부하기를 원하면 단원 2를 하십시오.

성경공부를 하다 보면 이것저것 적을 것이 많이 생기는데, 이 교재에 있는 여백 가지고는 부족할 수가 있습니다. 그런 경우에는 노트를 하나 마련하여, 답이나 기도 제목, 예화, 관찰 내용 등 성경공부 중에 떠오르거나 토의 중에 마음에 와 닿은 것들을 기록해 두면 큰 도움이 됩니다.

공부의 구성

단원 1은 다섯 부분으로 나뉘어 있습니다. 공부를 시작하기 전에 7쪽의 '시작하면서'를 다시 읽어 보며, 감명 깊은 내용들에 표시를 해서 공부를 할 때마다 음미해 보십시오.

다음은 각 부분을 위한 지침입니다.

1. 구절 묵상

여기에 나열된 성경 구절들은 주제와 관련된 구절들입니다. 나와 있는 순서대로 공부하십시오. 이것은 '감명 깊은 구절'을 찾는 준비가 됩니다.

각 구절을 찾아 하나씩 깊이 묵상하십시오. 가능하면 다른 번역의 성경으로도 읽어 보십시오. 묵상은 이 공부의 핵심이라 할 수 있는데, 시간을 내어 하나님께서 당신 자신에게 들려주시는 말씀을 듣는 것입니다. 성경 구절의 각 부분을 강조해서 읽어 보거나, 그 구절을 자신의 말로 써보거나, 또는 스스로 질문을 만들어 답을 해보십시오. 그렇게 하면 하나님께서 그 구절을 통해 말씀하시고자 하는 내용이 무엇인지 이해하는 데 좋습니다. 묵상을 통해 하나님에 관해 발견한 진리가 있으면, 자신의 삶을 돌아보아 그 진리가 자신의 태도와 행동에 어떻게 영향을 미쳐야 할지 생각해 보십시오. 각 구절의 말씀을 묵상하면서 당신 마음에 감명을 주는 부분들을 성경에 표시하십시오.

2. 감명 깊은 구절

표시한 구절들을 다시 살펴보고, 그 과에서 다루고 있는 진리를 이해하고 깨닫는 데 가장 크게 도움이 되거나 그 진리를 가장 잘 나타내 주고 있다고 생각

되는 것들을 이곳에 옮겨 적으십시오. 구절 전체일 수도 있고, 일부일 수도 있습니다. 여기에 기록된 것들을 활용하여 자주 묵상도 하고 찬양도 하십시오.

모든 구절을 다 옮겨 적지 말고, 특별히 당신에게 와 닿은 몇 구절만 기록하도록 하십시오. 마음이 현재 공부하고 있는 이 주제에 늘 가 있게 되면, 경건의 시간을 가질 때나 설교를 들을 때나 다른 사람들과 말씀을 함께 나눌 때 이와 연관된 말씀들에 더 깨어 있게 됩니다. 그때그때 새로운 구절들을 추가함으로써 계속해서 공부의 폭을 넓힐 수 있습니다. 지면이 부족한 경우에는 따로 마련한 노트에 기록하도록 하십시오.

당신이 발견한 진리와 연관하여 하나님께 감사와 경배를 드리는 시간을 가지십시오. 감사와 경배는 우리의 영혼을 고양시키며 하나님께 기쁨과 영광이 되기에 더없이 중요한 일입니다. 시시로 '감명 깊은 구절'을 다시 보며 더 깊이 묵상하고 주님을 찬양하는 습관을 기르십시오. 경건의 시간을 시작할 때나 가족 예배를 드릴 때, 또는 잠자리에 들기 전에 이런 시간을 갖는 것도 좋습니다. 하나님의 임재를 경험하고자 하는 동기를 새롭게 하는 데도 이런 시간은 크게 도움이 됩니다.

제11과 '하나님의 가족들과 교제함'에 대해 공부하고 있다면, '감명 깊은 구절'은 다음과 같이 될 것입니다.

(예시)   2. 감명 깊은 구절

'구절 묵상'을 통해 당신에게 가장 감명을 준 구절들의 전체 또는 일부를 성경에서 찾아 옮겨 적으십시오. 그리고 이 내용을 수시로 묵상하며 주님을 찬양하는 데 활용하십시오. (이후에도 이 주제에 대해 잘 말해 주는 다른 구절이 있으면 추가하십시오.)

"서로 돌아보아 사랑과 선행을 격려하며, 모이기를 폐하는 어떤 사람들의 습관과 같이 하지 말고 오직 권하여 그날이 가까움을 볼수록 더욱 그리하자" (히브리서 10:24-25).

"모든 겸손과 온유로 하고 오래 참음으로 사랑 가운데서 서로 용납하고, 평안의 매는 줄로 성령의 하나 되게 하신 것을 힘써 지키라" (에베소서 4:2-3).

"이러므로 그리스도께서 우리를 받아 하나님께 영광을 돌리심과 같이 너희도 서로 받으라" (로마서 15:7).

3. 관찰, 예화 및 인용문

'감명 깊은 구절'을 옮겨 적은 후 그 말씀들을 묵상하십시오. 새롭게 깨닫게 해 주시도록 기도하십시오. 한 단어 한 단어, 한 마디 한 마디씩 그 의미를 생각해 보십시오. 잘 모르는 낱말이 있으면 사전을 찾아보십시오. 그 구절의 핵심 사상과 묵상 내용을 기록하십시오. 공부를 해나가면서 의미 파악에 도움이 되는 인용문이나 시, 또는 예화가 있으면 적어 두도록 하십시오. 무엇보다도 예수 그리스도와 성경의 인물들 또는 역사상 유명한 믿음의 사람들과 영적 지도자들, 믿음의 친구들, 그리고 당신 자신…이 이 진리를 매일의 삶 가운데 어떻게 실행하거나 가르쳤는지 살펴보기 바랍니다.

4. 적용

적용이란 '이 진리가 나의 삶에 어떻게 영향을 미칠 수 있는가?'를 생각해 보고 실생활에서 실천하는 것입니다. 매일의 삶에서 이 구절들에서 보여 주는 대로 하나님과 관계를 맺도록 기도하십시오. 예를 들어, 다음과 같은 영역에서 '감명 깊은 구절'이 구체적으로 어떻게 당신에게 도움을 줄 수 있을지 생각해 보십시오.

✿ 자신이 하나님께 중요하다는 사실을 확신함

✿ 두려움과 염려, 실망, 부정적인 태도를 극복함

✿ 시련에 대처하고 난관을 이김

✿ 긍정적인 마음과 사랑의 태도를 키움

✿ 마음속의 갈망을 충족시킴

✿ 주님을 전하고 다른 사람의 영적 성장을 도움

제11과 '하나님의 가족들과 교제함'을 예로 들면 다음과 같습니다.

(예시) 4. 적용

> 주님께서는 내가 종종 다른 사람들의 행동을 용납하지 못한다는 것을 깨닫게 해주셨다(에베소서 4:2). 때로 다른 사람들이 나에게 상처를 주거나 나의 필요에 무관심할 때, 나는 그들을 원망하면서 하나님께 "네, 그들은 나를 사랑하지 않을지라도 주님께서는 나를 사랑하십니다"라고 기도한다. 하나님께서는 그들도 극진히 사랑하시며 내가 움츠러들어 있기보다 그들과의 관계를 회복하기를 간절히 원하시나 나는 그 사실을 잊어버리곤 한다. 지난 주일부터 몇몇 친구들에 대해 섭섭한 마음을 갖고 있었는데, 성경공부 후 갖는 모임에 나를 부르지 않았기 때문이다. 나는 그들이 나를 배려하지 않은 것을 용납하고, 주님께서 그들의 삶에 함께하시며 축복해 주시도록 기도해야겠다. 그리고 그들 가운데 한 명에게 도움을 줄 수 있는 방법을 찾아보겠다.

매일의 삶에 하나님의 말씀을 적용하는 것이 성경공부를 하는 궁극적인 목적이라 할 수 있습니다. 이 공부에서 적용이란 '이 면에서 하나님의 임재를 경험하는 것과 관련하여 내가 해야 할 일은 무엇인가?'라는 질문에 답하는 것입니다. 많은 사람들이 이 적용을 공부에서 가장 가치 있는 부분으로 여깁니다. 왜냐하면 적용을 통해서 매일의 삶 속에서 하나님의 임재를 경험하는 실제적인 방법을 알게 되며, 이것이 디딤돌이 되어 더욱 풍성하게 열매 맺는 삶을 살 수 있기 때문입니다.

적용은 한 마디나 한 구절로부터 이끌어 낼 수도 있고, 성경공부 전체를 통해 이끌어 낼 수도 있습니다. 적용은 개인적이며 실제적이고 구체적이어야 합니다. '나,' '나의,' '나를,' '나에게'와 같은 말을 사용하는 것이 좋습니다. 깨달은 사실이 당신의 태도와 행동, 성품, 하나님 및 사람들과의 관계에 영향을 미쳐 매일의 삶에서 변화가 나타나도록 해야 합니다. 적용을 기록할 때는 듣는 사람이 쉽게 이해할 수 있도록 명확하게 기술하십시오.

당신이 할 수 있는 행동의 몇 가지 예를 소개합니다. 마음에 특별히 와 닿은 구절을 암송하고 매일 복습을 하면서 찬양과 기도를 한다, 어떤 구체적 사안에 대하여 하나님께 "그렇게 하겠습니다"라고 말씀드리거나 영적 성장을 막는 어떤 활동이나 인간관계에 대해 "그만두겠습니다"라고 말씀드린다, 친구나 가족에게 가서 잘못을 고백하고 용서를 구한다, 친구나 영적 지도자에게 당신의 특별한 필요를 위해 기도해 주도록 부탁한다, 한 주 동안 경건의 시간을 시작할 때 당신과 관계된 어떤 일에 대해 기도한다, 하나님의 임재를 경험하는 데 도움이 되는 새로운 습관(예: 정기적인 경건의 시간, 꾸준한 성경 암송, 또는 매월 기도의 한 나절 갖기 등)을 기르기 시작한다 등.

5. 메모

설교 말씀을 들을 때나 성경공부를 할 때, 또는 자연스런 대화를 하던 중 현재 공부하고 있는 주제와 연관된 성경 구절들이 떠오를 수 있습니다. '감명 깊은 구절' 난에 그 내용을 다 옮겨 적을 만한 시간이 없을 경우, 이 난에 장절을 기록해 두었다가 나중에 공부할 수 있습니다.

각 주제에 대해 좀 더 시간을 들여 공부를 하기로 했다면, 단원 2로 나아가십시오. 다음 쪽부터는 단원 2를 위한 지침을 소개합니다.

단원 2를 위한
성경공부 지침

단원 2는 하나님의 임재를 경험하는 삶에서 더 깊어지도록 돕기 위한 것입니다. 일곱 부분으로 나뉘어, 단원 1보다 더 깊이 있게 공부하고 묵상할 수 있도록 구성되어 있습니다. 여기서는 보다 더 다양한 성경공부 방법을 접하게 되며, 각 주제가 당신 자신과 주위 사람들의 삶에 어떻게 관계되는지를 보다 확실하게 이해할 수 있게 될 것입니다. 이를 통해 성경공부가 더욱 풍성해질 것입니다.

1. 아래 구절들을 찾아보고 묵상하십시오. 가장 마음에 와 닿은 구절을 단원 1의 '감명 깊은 구절'에 추가하십시오. 그 밖의 다른 구절들을 더 추가해 묵상해도 좋습니다.

14쪽의 '구절 묵상'과 '감명 깊은 구절'에 대한 지침을 다시 살펴보십시오. 추가 구절은 당신이 암송하고 있는 구절이나 관주 등을 통해 찾을 수 있을 것입니다. 육하원칙(六何原則)의 질문을 통해 보다 집중적으로 묵상을 할 수 있습니다. 아래의 예는 말 그대로 예일 뿐 반드시 이대로 질문하라는 것은 아닙니다. 참조만 하기 바랍니다.

❖ 누가(Who)
이 구절에서 누가 하나님께 응답했는가?

✿ 무엇(What)

하나님께서는 나를 위해 무엇을 하기 원하시는가?

하나님께서는 내가 무엇을 하기 원하시는가?

✿ 언제(When)

나는 언제 하나님께 이러한 반응을 보여야 하는가?

✿ 어디(Where)

내가 하나님의 자녀임을 상기해야 할 장소는 어디인가?

하나님께서는 어디에 계실 것이라고 약속하시는가?

✿ 왜(Why)

내가 하나님과 긴밀하게 동행하는 것은 왜 중요한가?

✿ 어떻게(How)

하나님께서는 내게 대해 어떻게 느끼시는가?

이 말씀에 나오는 사람들은 하나님께 어떻게 반응했는가?

나는 어떻게 하나님과 더 효과적으로 동행할 수 있는가?

질문에 대한 답이 떠오를 때마다 노트에 간단하게 메모하십시오.

2. '감명 깊은 구절'(또는 다른 묵상 구절)에서 그 주제에 대해 말하는 바를 자신의 말로 요약하거나 요약식 개요로 만드십시오.

요약을 할 때는 그 구절들의 요점을 자신의 말로 간략히 기술하십시오. 여기서는 개인적인 견해나 해석을 포함하지 말고 실제로 성경이 말하고 있는 내용만을 이야기하십시오. '하나님의 가족들과 교제함'을 요약하면 다음과 같습니다.

> 하나님께서는 자신의 가족들이 함께 모여 서로 격려하며, 말씀의 풍성함을 나누고, 주님께서 주신 은사를 사용하여 서로 세워 주고 섬기기 원하신다. 우리는 또한 겸손, 오래 참음, 사랑, 정직을 나타내고 다른 사람의 일을 돌아보아야 한다. 또한 하나 됨을 유지하는 데 힘쓰고, 용서를 구하며, 다른 사람의 잘못을 용납하고, 그리스도께서 우리를 받으신 것처럼 다른 사람을 받아야 한다. 연합되고 서로 덕을 세우는 교제는 하나님을 영화롭게 하며 하나님의 가족들을 성장케 한다. 그들은 이 땅에 있는, 하나님의 처소이다.

또는 요약식 개요 형식을 빌릴 수도 있습니다. 이것은 먼저 주제를 몇 개의 제목으로 나누어 적고 그 제목 아래 그 구절의 내용을 요약하는 방식입니다. 앞의 주제를 예로 들면 다음과 같습니다.

> 1. 왜 우리는 하나님의 가족들과 함께 모여야 하는가
>
> 하나님께서는 자신의 가족들이 함께 모여 서로 격려하며, 말씀의 풍성함을 나누고, 자신이 준 은사를 사용하여 서로 세워 주고 섬기기 원하신다. 사랑을 나누는 연합된 교제는 하나님을 영화롭게 하며 하나님의 가족들을 영적으로 성장케 한다. 그들은 이 땅에 있는, 하나님의 처소이다.
>
> 2. 어떻게 우리는 하나님의 가족들과 관계를 맺어야 하는가
>
> 우리는 서로 겸손, 오래 참음, 사랑, 정직을 나타내고 다른 사람의 일을 돌아보아야 한다. 또한 하나 됨을 유지하는 데 힘쓰고, 용서를 구하며, 다른 사람의 잘못을 용납하고, 그리스도께서 우리를 받으신 것처럼 다른 사람을 받아야 한다.

3. '감명 깊은 구절'에서 하나님 및 하나님의 임재에 관한 진리를 찾아보십시오. 그 진리들 가운데서 어떤 것이 가장 마음에 와 닿습니까? (예: 하나님과 당신의 관계, 하나님의 속성이나 태도, 열망, 약속, 행동 등)

답변의 예를 들면 다음과 같습니다.

제2과, '하나님을 의지함'에 대해:

> 히브리서 4:16에서 마음에 와 닿은 내용은, 하나님께서는 내가 그분의 기대에 미치지 못했을 때라도 담대하게 그리고 즉시로 그 앞에 나아갈 수 있는 분이시며, 언제라도 나에게 긍휼을 베푸시며 은혜롭게 돕고자 하신다는 것이다. 다른 구절들은 하나님께서 나의 보호자요 구원자요 힘과 능력을 주시는 분으로서 온전히 의지할 만한 분이심을 보여 준다.

제3과, '하나님과 친교를 나눔'에 대해:

> 하나님의 인자하심이 내게 얼마나 보배로우신지!
> 하나님께서는 나에게 얼마나 풍족하게 만족과 기쁨을 주기 원하시는지! (시편 36:7-8)

제4과, '하나님의 말씀을 경청함'에 대해:

> 누가복음 10장에 나오는 마리아와 마르다의 이야기는 주님께서 내가 그분의 발 아래 앉아 주님의 말씀을 경청하는 것을 얼마나 가치 있게 여기시는지 보여 준다. 다른 몇몇 구절들은 하나님께서 나와 의사소통하기를 얼마나 좋아하시는지 알게 해주었다. 하나님께서는 말씀과 성령을 주셔서 내가 하나님의 생각을 알고 이해할 수 있게 해주셨다.

4. 자신을 돌아보면서, 다음 질문에 답하십시오. (둘 중 하나만 할 수도 있습니다.)

가. 이 과에서 공부한 내용대로 살지 못하도록 막는 생각이나 느낌, 혹은 주저하게 하는 것이 있다면 어떤 것인가?

나. 이 과에서 공부한 내용이 중요하다는 데 머리로는 동의하지만, 매일의 나의 선택과 행동이 과연 나의 믿음을 나타내고 있는가? 나의 스케줄이나 하나님을 대하는 태도에서 하나님께서는 나에게 어떤 변화를 원하시는가?

'하나님을 온전히 신뢰하고 마음을 토함'을 예로 들면 다음과 같습니다.

가.

나는 하나님께서 너무나 크시고 또한 바쁘기도 하신 분이어서 매일의 나의 필요와 감정들, 그리고 내 삶의 세세한 것들에까지 관심을 갖지는 못하실 거라는 느낌이 든다.

나.

나는 고민이 있거나 당황스럽거나 외로움을 느낄 때면 하나님께 마음을 토하기보다는 친구에게 하소연하려고 먼저 전화기를 든다. 하나님께서는 앞으로는 먼저 그분께 내 문제에 대해 이야기하기 원하신다고 생각한다.

5. 이 공부에서 당신의 마음에 와 닿은 진리를 간단한 문구로 만들어 보십시오. 하나님의 임재를 경험하기 위해 자주 활용할 수 있습니다.

이 '간단한 문구'는 어떤 특정 진리를 사용하기 쉬운 형태로 기억하는 데 도움이 됩니다. 이 문구는 이와 반대되는 생각이나 감정, 또는 욕구 등이 당신이 하나님께 반응하지 못하도록 막을 때, 당신을 건져 줄 수 있습니다. 먼저 당신의 공부에서 어느 구절이나 내용이 가장 마음에 와 닿는지를 결정하십시오. 당신이 어떤 행동을 하도록 도전을 주거나, 하나님과의 더 친밀한 관계를 원하게 하거나, 하나님에 대한 잘못된 개념을 바로잡아 주거나, 더 만족스런 방법으로 하나님께 응답하도록 도와주는 것을 찾으십시오.

가. 그 구절의 전체 또는 일부를 옮겨 적는다.

"여호와의 사랑을 입은 자는 그 곁에 안전히 거하리로다. 여호와께서 그를 날이 맟도록 보호하시고"(신명기 33:12).

나. 그 구절을 일인칭 대명사를 사용하여 다시 쓴다.

나는 하나님의 사랑을 입은 자이기에 그분 곁에 안전하게 거할 것이다. 하나님께서는 나를 온종일 보호해 주실 것이다.

다. 그 구절이나 내용이 당신에게 주는 의미를 간략하게 적는다.

하나님, 나는 하나님의 사랑받는 자녀입니다. 하나님께서는 나를 하나님의 팔로 안전하게 안고 계시며, 나를 밤낮 사랑으로 보호해 주십니다.

라. 다른 사람의 글 중에서 당신 마음에 와 닿은 문구를 적는다.

"비바람이 칠 때와 물결 높이 일 때에 사랑하는 우리 주 나를 품어 주소서." (찰스 웨슬리)

"안전은 위험이 없는 곳에 있지 않고, 주님이 계신 곳에 있다."

당신의 구체적인 필요를 채워 주거나, 확신과 감사와 열망 등 하나님께 더 나은 반응을 나타내도록 마음에 동기를 주는 짧은 문구 하나를 찾는 것을 목표로 하십시오. 이 문구는 짧기 때문에 기억하기가 쉬워 수시로 떠올려 묵상할 수 있어서 좋습니다.

때로 당신은 어떤 구절이 당신의 관심을 끌거나 명백한 필요를 채워 주기 때문에 진리를 나타내는 간단한 문구를 쉽게 발견할 것입니다. 어떤 때는 당신을 구체적으로 도와줄 진리들을 보여 주시도록 간절히 기도하는 것이 도움이 될 것입니다.

아마도 당신은 괴로운 감정(원망, 분노, 시기, 염려, 두려움, 자기 정죄, 우울) 또는 다른 사람을 향한 파괴적인 외적 반응(분노 폭발, 틀어박혀 있음, 짜증 부림, 반항, 비판적 태도)으로 인해 종종 어려움을 겪을 것입니다. 당신 삶 속의 이런 부정적인 감정이나 반응의 이면에는 이를 유발하는 잘못된 생각이 자리 잡고 있습니다. 예를 들면, 당신이 머리로는 하나님께서 신뢰할 만한 분이심을 믿으면서도 자주 염려를 한다면 그 이면에는 하나님께서 당신의 기대를 저버릴지 모른다는 생각이 숨어 있을지 모릅니다. 당신이 자기 정죄를 한다면 그 이면에는 그리스도의 희생이 당신의 죄에 대한 용서를 보장하기에 불충분하며 당신 스스로 적절한 수준으로 자신을 징계해야 한다는 생각이 숨어 있을 것입니다. 우울해지는 것의 이면에는 당신이 하잘것없다거나 당신은 살아야 할 특별한 이유가 없다는 생각이 자리 잡고 있을 것입니다.

당신의 그릇된 감정이나 반응 이면에 감추어진 잘못된 생각을 알아내고, 이에 대한 해독제 역할을 할 진리를 찾기 위해 노력하십시오. 이에 대해 자주 기도하십시오. "주님, 내게 부정적 감정과 부정적 반응을 일으키는 잘못된 생각이 있다면 무엇이든 보여 주옵소서. 그리고 이 잘못된 생각에 맞설 수 있는 진리, 내 속에 긍정적 감정을 일으키고 다른 사람에게 긍정적 반응을 나타내기 위해 두고두고 사용할 수 있는 성경의 진리로 나를 인도하옵소서."

그리고 이 공부를 해나가는 동안, 당신에게 가장 필요한 진리를 담은 문구를 찾는 데 깨어 있도록 하십시오. 하나님께서 당신의 생각을 더 변화시키며 당신을 자유롭게 해주실 수 있는 문구이면 됩니다. 하나님께서 당신에게 적절한 문구를 주시면 하나님과 단둘이 갖는 시간에 기도하는 마음으로 그것을 곰곰이 되새겨 보십시오. 그것이 당신의 마음을 사로잡고 당신의 생각을 자극할 때까지 묵상하십시오. 자주 그 문구가 당신의 마음 깊숙한 곳에 스며들게 하고 확신이 되게 하십시오.

후에, 부정적 반응이나 생각 등으로 인해 필요가 느껴질 때는 다음 세 가지를 하십시오. 첫째, 당신의 현재의 생각, 감정, 혹은 반응을 인정하십시오. 둘째, 그것을 그대로 방치하거나 끌려 다니지 않기로 선택하십시오. 셋째, 의식적으로 이 문구를 떠올리고 그것이 사실임을 인하여 하나님께 감사하십시오. 그 유혹이 사라지거나 그 필요가 다 채워지기까지 계속 묵상하십시오.

6. 당신 가까이에 있는 가족이나 친지, 친구, 이웃, 또는 영적 자녀들 가운데 이 과에서 배운 진리가 도움이 될 사람이 있습니까? 그를 어떻게 도울 수 있겠습니까?

여기에는 주님께서 당신이 기도해 주도록 이끄신 사람의 이름과 그 사람을 돕기 위한 대략적인 계획이나 핵심 내용을 기록하십시오.

당신이 배운 진리들을 다른 사람과 나눌 때는 특히 민감하고 친절해야 하며 사랑의 마음으로 해야 합니다. 비판적인 태도나 우월감을 보이는 것은 금물입니다. 지혜롭게 질문을 던져 대화를 이끌어 가십시오. "이것이 현재 당신이 처한 상황에 도움이 되지 않겠습니까?"라든가, "이 사실이 얼마 전에 당신이 말한 그 두려움을 극복하도록 해주지 않을까요?" 하는 식으로 질문하기 바랍니다.

다른 사람을 더 효과적으로 도울 수 있으려면 왜 당신에게 이 진리가 필요하며 어떻게 이 진리를 당신 삶에 적용하기 원하는지를 먼저 나누면 좋습니다. 그렇게 하면 종종 그 사람의 필요에 대해서도 토의할 수 있게 됩니다. 그 다음에는 서로의 필요를 위해 함께 기도하십시오.

7. 공부하고 있는 주제에서 성장하는 데 도움이 될 새로운 깨달음이나 실제적인 아이디어를 더 주시도록 기도하십시오. 그러한 것이 있으면 여기에 기록하여 개인적으로도 사용하고 다른 사람에게 나누기도 하십시오.

이러한 깨달음이나 아이디어의 출처는 다양합니다. 주님과의 개인적인 교제 시간이나 다른 사람과 이 공부를 함께 토의하는 시간, 또는 설교 시간 등입니다. 당신이 발견하거나 깨달은 것들을 기록해 두면 오랜 세월이 흘러도 잊지 않게 됩니다. 그러한 것들은 당신이 하나님과 함께하는 삶을 향상시켜 주며 다른 사람들을 효과적으로 도울 수 있게 합니다.

깨달음이나 아이디어의 예로는 다음에 나오는 표를 참조하십시오.

> 우리 그리스도인들이 하나님을 찾으며 겪는 어려움 가운데 많은 것이 그 원인을 살펴보면, 하나님을 말씀에서 보여 주신 그대로 받아들여 우리 삶을 거기에 맞추기를 꺼리는 데 있습니다.… 일생에 걸쳐 계속 하나님을 더 잘 알아 가도록 하십시오. 하나님께서 어떤 분이신지를 올바로 아는 것이야말로 말로 다 표현할 수 없는 기쁨의 원천입니다.
>
> — A. W. 토저

《하나님과 친교를 나눔》

출처	깨달음 또는 아이디어
성경공부 그룹	참석자들 가운데 하나가 우리가 이 공부에서 작성한 간단한 문구나 가장 좋아하는 성경구절을 카드 몇 장에 써서 한 주 동안 화장실의 거울, 방의 전등 스위치 옆, 옷장 문 등과 같이 우리가 자주 보는 장소에 테이프로 붙여 두자고 제안했다. 나는 또한 그중 하나를 내 성경이나 읽고 있는 책의 책갈피로 사용하기로 했다.
주일 아침 설교	목사님께서는 우리의 태도가 그릇되거나 유혹에 직면할 때 빌립보서 2:13 말씀에 따라 이렇게 기도하라고 하셨다. "주님, 바로 지금 주님께서 내 안에서 역사하사 주님께서 기뻐하시는 바를 원하게 하시고 행하게 하소서. 그것을 행하기 위해 주님을 의지하겠나이다." 목사님께서는 이렇게 기도하는 것이 우리가 하나님을 의지한다는 것을 확실히 하고, 하나님께서 우리 속에서 역사하시도록 길을 열어 드린다고 하셨다.

1. 하나님을 찾음

단원 1

하나님께서는 어디에나 계십니다. 물론 당신 집에도 계십니다. 당신이 어느 방에 가든 거기 계시며, 그곳은 '주님께서 임재해 계시는 은밀한 곳'(시편 31:20 참조)이 됩니다. 사실, 하나님께서는 지극히 높은 하늘 보좌에도 계시고, 당신 눈에 보이는 저 창공에도 계시며, 당신이 있는 바로 그곳에도 계십니다. 그래서 당신은 방 안에서 기도할 때 당신의 기도가 어떻게 천장을 뚫고 저 높고 광활한 우주 공간을 지나 지극히 높은 곳에 계신 하나님께 다다를까 걱정할 필요가 없습니다.

하나님께서는 당신이 있는 바로 그곳에 늘 계시지만, 당신이 하나님을 찾기를 간절히 원하십니다. 하나님께서는 특히 당신이 조용한 장소에서 하나님과 단둘이 시간을 가질 때 하나님의 임재를 경험하게 해주십니다. 그리고 그 무엇보다도 놀라운 것은 하나님께서 당신 안에 계신다는 사실입니다. 당신은 하나님의 성전입니다. 하나님의 성령이 당신 안에 거하십니다(고린도전서 3:16). 그러기에 당신은 언제든지 하나님께서 임재해 계시는 그 지성소에 들어갈 수 있습니다. 거기에 들어가기 위해 손 하나 발 하나 움직일 필요도, 눈 한 번 깜빡일 필요도 없습니다. 언제든지 영혼의 피난처요 안식처인 그곳에 들어가 하나님께서 주시는 영원한 평온을 누릴 수 있습니다.

하늘 높이 계신 동시에 당신 안에 계신 하나님! 우리의 사랑하는 아버지 되신 하나님께서는 당신을 위해 뭔가를 행하기를 간절히 원하십니다. 당신이 하나님을 찾을 때 하나님께서는 특별한 방법으로 당신을 '위해' 일하십니다. 더욱더 중요한 사실은, 하나님께서는 당신 '안에서' 일하시며 당신을 '통해' 일하신다는 것입니다.

기도

주님, 이 시간 내 자신을 활짝 여오니, 내 영혼 저 깊은 곳까지 들어오시옵소서. 주님과의 관계가 깊이가 없이 얄팍하기를 원치 아니하나이다. 주님께 열어 놓지 못하고 감추는 부분이 있을까 두렵사옵니다. 자신도 모르는 사이에 무의식적으로 선을 그어 주님과의 관계를 제한하지 않게 하옵소서. 나는 주님의 것이기에, 주님께서 나를 사랑하시되 그 사랑을 어떤 방식으로 표현하시든, 주님의 손의 행사를 막지 아니하겠나이다. 내 안에서 어떻게 일하시든, 주님의 역사에 순복하겠나이다.

주님, 이 공부를 통해 주님을 찾고 주님의 임재를 경험하는 특권을 주시니 감사드리옵니다. 아멘.

1. 구절 묵상

시편 34:8

시편 27:4

시편 42:1-2

예레미야 29:13

이사야 26:8-9

빌립보서 3:7-10

2. 감명 깊은 구절

'구절 묵상'을 통해 당신에게 가장 감명을 준 구절들의 전체 또는 일부를 성경에서 찾아 옮겨 적으십시오. 그리고 이 내용을 수시로 묵상하며 주님을 찬양하는 데 활용하십시오. (이후에도 이 주제에 대해 잘 말해 주는 다른 구절이 있으면 추가하십시오.)

3. 관찰, 예화 및 인용문

4. 적용

5. 메모

단원 2

성경에 보면 삶의 모든 영역을 통해 오직 하나님을 찾고자 한 결과 하나님과의 친밀한 관계를 경험한 사람들이 많이 있습니다. 그런가 하면 하나님께로부터 오는 무슨 이익만 추구하다가 하나님과의 친밀한 교제의 풍성함은 맛보지 못한 사람들도 있습니다.

1. 하나님께서는 다윗을 일컬어 '내 마음에 합한 사람'이라 하셨습니다(사도행전 13:22). 시편 63:1-5을 읽으십시오. 다윗의 열망과 가치관, 그리고 이로 인해 그의 삶에 나타난 결과와 관련하여 감명 깊은 것은 무엇입니까?

2. 시편 73편에서, 아삽은 하나님의 임재의 가치에 대해 의문을 품은 적이 있었습니다. 그는 그 문제를 해결하기 위해 하나님 존전에 나아갔습니다. 거기서 그는 하나님 및 하나님과의 관계에 대해 어떤 결론에 도달했습니까? (25-28절)

3. 우리는 언제 하나님을 찾고 무엇을 하나님께 구해야 합니까? 시편 90:14의 모세와 시편 143:8의 다윗의 예를 통해 배울 수 있는 것은 무엇입니까?

4. 시편 63:6-8, 119:164, 다니엘 6:10에서, 언제 하나님을 찾고 어떤 태도로 하나님께 나아가야 하는지에 대해 알 수 있는 것을 기록하십시오.

사람들이 하나님을 찾는 시간과 방식은 다양합니다. 고려해야 할 중요한 사항 한 가지는 하나님께 우리의 가장 좋은 시간을 드려야 한다는 것입니다. 매일 정기적으로 시간을 떼어 두되, 정신이 가장 맑고 방해를 가장 덜 받는 시간으로 하십시오. 이 시간 외에 추가로 시간을 가질 수 있는데, 때때로 하나님과 단둘이 한나절을 보내거나, 종종 찬양, 기도, 또는 묵상을 위한 시간을 가지십시오.

5. 하나님을 찾되 성경 말씀에서 찾는 것이 중요합니다. 우리 자신의 느낌이나 생각에 매이지 말고 하나님께서 실제로 하신 말씀을 묵상함으로써 하나님을 알아 가야 합니다. 우리와 하나님과의 관계에서 하나님의 말씀이 왜 그토록 필수적입니까? 데살로니가전서 2:13, 히브리서 4:12, 디모데후서 3:16은 무엇을 말해 줍니까?

6. 성경 말씀과 하나님의 아들 예수님을 통해 하나님을 더 잘 알면 알수록 우리와 함께하시고 우리의 삶에 개입하고자 하시는 하나님의 열망에 더 잘 응답합니다. 하나님의 아름다움, 권능, 승리, 영광, 위엄 등을 알게 되면 '이런 분이 우리를 사랑하시고 우리의 사랑을 원하신다니!' 하며 경외감에 사로잡힙니다. 시편 45:2-4와 골로새서 1:15-20에서, 어떤 부분이 하나님을 찬양하고 하나님과 친밀한 교제를 갖고자 하는 마음을 크게 불러일으킵니까?

7. 이 공부에서 하나님을 찾도록 당신에게 동기를 주는 구절을 하나 고르십시오. 그 구절을 삶에 적용하기 위한 계획을 세워 보십시오.

2. 하나님을 의지함

단원 1

매일 매순간 우리는 공기와 물과 음식을 통해 육체의 생명을 유지합니다. 공기는 우리를 둘러싸고 있어서 언제든 호흡을 통해 폐로 들여보낼 수 있으며, 음식과 물은 우리가 먹고 마실 수 있도록 적당한 장소에 준비되어 있습니다. 이와 비슷하게 우리는 하나님을 통해 영적 생명을 유지합니다. 하나님께서는 우리의 영적 삶에 필요한 양분과 에너지를 공급해 주십니다. 늘 우리와 함께하시며 언제라도 우리 마음속의 필요를 채워 주고자 하십니다. 또한 우리 곁에 계실 뿐 아니라 우리 안에도 계시면서, 우리가 겸손하고 잘 받아들이는 태도로 자신의 도움을 받기를 간절히 바라십니다. 우리가 하나님께 나아가면, 하나님께서는 언제든 달려 나와 맞아 주시고, 하나님과 더 친밀한 관계, 하나님을 더 의지하는 관계로 우리를 이끌어 주십니다.

오늘날 늘 마음을 다해 하나님을 의지하는 그리스도인이 드문 것을 봅니다. 우리는 이것을 보고도 하나도 놀라지 않습니다. 이보다 더 놀랄 일이 없는데도 말입니다. 오히려 우리는 전심으로 하나님을 의지하는 그리스도인을 보고 놀랍니다. 사실 이것은 전혀 놀랄 일이 아닌데도 말입니다. 정말이지 '모든' 그리스도인이 '항상' 하나님을 의지하지는 않는 것이야말로 가장 이상한 일입니다. 마음을 다해 하나님을 의지하는 것이 보기 드문 대단한 일이 되어서는 안 됩니다. 그것은 크고 두려우시며 신실하신 하나님께 나타내야 할 올바르고 당연한 반응인 것입니다.

기도

주님, 내가 얼마나 주님을 의지해야 하는 존재인지를 말씀을 통해 계속 알려 주시니 감사드리옵니다. 이를 통해, 나 혼자서 살아갈 수 있다거나 나의 필요를 스스로 다 채울 수 있다는 착각에서 벗어나게 하시나이다. 주님을 떠나 곁길로 가면 즉시 깨닫게 해주시고, 다시 돌이키사 주님만 의지하게 하옵소서. 그리하여 인생길을 갈 때, 좌절을 느끼는 대신에 주님의 평안을 누리게 하시며, 혼란에 빠지는 대신에 주님의 인도를 따라 가게 하시고, 무기력하게 사는 대신에 주님의 능력을 힘입게 하옵소서.

주님, 이 공부를 해나갈 때 착하고 좋은 마음으로 주님의 말씀을 잘 받게 하시며 늘 새로운 마음으로 성령을 의지하게 하옵소서. 아멘.

1. 구절 묵상

이사야 50:10

시편 37:3-7

잠언 30:5

스가랴 4:6

빌립보서 4:13

히브리서 4:16

2. 감명 깊은 구절

'구절 묵상'을 통해 당신에게 가장 감명을 준 구절들의 전체 또는 일부를 성경에서 찾아 옮겨 적으십시오. 그리고 이 내용을 수시로 묵상하며 주님을 찬양하는 데 활용하십시오. (이후에도 이 주제에 대해 잘 말해 주는 다른 구절이 있으면 추가하십시오.)

3. 관찰, 예화 및 인용문

4. 적용

5. 메모

단원 2

1. 아래 구절들을 찾아보고 묵상하십시오. 가장 마음에 와 닿은 구절을 단원 1의 '감명 깊은 구절'에 추가하십시오. 그 밖의 다른 구절들을 더 추가해 묵상해도 좋습니다.

   역대하 20:12-22

   예레미야 17:5-8

   이사야 40:27-31

   로마서 4:20-21

   로마서 15:13

   시편 31:19-20

2. '감명 깊은 구절'(또는 다른 묵상 구절)에서 하나님을 의지하는 것에 대해 말하는 바를 자신의 말로 요약하거나 요약식 개요로 만드십시오.

3. '감명 깊은 구절'에서 하나님 및 하나님의 임재에 관한 진리를 찾아보십시오. 그 진리들 가운데서 어떤 것이 가장 마음에 와 닿습니까? (예: 하나님과 당신의 관계, 하나님의 속성이나 태도, 열망, 약속, 행동 등)

4. 자신을 돌아보면서, 다음 질문에 답하십시오. (둘 중 하나만 할 수도 있습니다.)
   가. 이 과에서 공부한 내용대로 살지 못하도록 막는 생각이나 느낌, 혹은 주저하게 하는 것이 있다면 어떤 것인가?

   나. 이 과에서 공부한 내용이 중요하다는 데 머리로는 동의하지만, 매일의 나의 선택과 행동이 과연 나의 믿음을 나타내고 있는가? 나의 스케줄이나 하나님을 대하는 태도에서 하나님께서는 나에게 어떤 변화를 원하시는가?

5. 이 공부에서 당신의 마음에 와 닿은 진리를 간단한 문구로 만들어 보십시오. 하나님의 임재를 경험하기 위해 자주 활용할 수 있습니다.

6. 당신 가까이에 있는 가족이나 친지, 친구, 이웃, 또는 영적 자녀들 가운데 이 과에서 배운 진리가 도움이 될 사람이 있습니까? 그를 어떻게 도울 수 있겠습니까?

7. 더 철저히 하나님을 의지하는 데 도움이 될 새로운 깨달음이나 실제적인 아이디어를 더 주시도록 기도하십시오. 그러한 것이 있으면 여기에 기록하여 개인적으로도 사용하고 다른 사람에게 나누기도 하십시오.

《하나님을 의지함》

출처	깨달음 또는 아이디어

3. 하나님과 친교를 나눔

단원 1

포도나무 가지가 포도나무에 붙어 있듯이 우리는 주님과 연합되어 있습니다. 얼마나 기쁜 일인지 모릅니다. 주님과의 이 유기체적 연합은 우리에게 주님의 능력을 줍니다. 그래서 우리는 주님께서 원하시는 사람이 되고 주님께서 원하시는 일을 할 수 있는 것입니다. 또한 이 연합으로 말미암아 우리는 주님과 친밀함을 누리게 됩니다. 우리는 주님의 사랑으로 충만하게 되고, 자신이 주님의 사랑을 받고 있음을 계속 느끼게 됩니다. 그리고 이 연합은 주님과의 친교를 즐기게 합니다. 이 연합으로 인하여 우리는 언제 어느 순간이든 조용히 주님과 교제를 나눌 수 있는 것입니다.

주님과 친교를 나누기 위해 삶의 이런저런 요구들을 피해 산속으로 들어갈 필요는 없습니다. 물론 때로 특별한 시간을 내어 복잡한 일상사를 떠나 아무 방해도 받지 않는 한적한 곳으로 가서 주님과 단둘이 교제하는 그런 시간을 갖는 것은 좋은 일입니다. 하지만 굳이 그렇게 하지 않아도 언제 어디서든 우리는 주님을 뵐 수 있고[시각], 주님의 선하심을 맛볼 수 있습니다[미각]. 하던 일을 잠시 멈추고 자신이 알고 있는 성경 말씀에 주파수를 맞추어 보십시오. 그러면 주님의 음성을 들을 수 있습니다[청각]. 주님의 옷에서 나는 향기를 맡을 수 있습니다[후각]. "왕의 모든 옷은 몰약과 침향과 육계의 향기가 있으며…"(시편 45:8). 주님을 만질 수도 있습니다[촉각]. 이처럼 매일의 삶 속에서 순간순간 오감(五感)을 통해 주님을 만나 보십시오. 그러기 위해서는 우리의 영적 감각 기관이 민

감하게 계발되어 있어야 합니다. 어떻게 계발하느냐고요? 그 방법은 말씀과 기도를 통해 하나님과 친교를 나누는 것입니다.

기도

주님, 주님의 임재로 말미암아 내 안에는 평화롭고 안전하고 쉴 만한 곳이 있어 언제든 그곳으로 물러갈 수 있나이다. 그 아름답고 고요한 지성소에서 내 영혼이 위로와 평온을 누릴 수 있나이다. 주님께서는 성령을 보내사 내 안에 거하게 하심으로 나로 하여금 주님의 임재를 삶 속에서 구체적으로 느끼며 경험하게 하셨나이다. 내 안에 광야가 있다면, 그곳이 드러나 있든 감춰져 있든, 주님께 활짝 열어 놓게 하시고, 그곳을 주님께서 거하실 수 있는 비옥한 땅으로 만들어 주옵소서.

주님, 내가 주님과 갖는, 조용한 교제의 시간이 주님 마음에 합한 시간이 되게 하옵소서. 이 과를 공부해 갈 때 내게 말씀하사 주님의 음성을 듣게 하옵소서. 이 공부를 통해 주님과의 친교가 더 풍성해지게 하시고, 평생 주님과 친밀히 교제하는 삶으로 인도하옵소서. 아멘.

1. 구절 묵상

시편 43:3-4

시편 36:7-8

예레미야 15:16

누가복음 24:32

시편 23:1-6

시편 27:8

2. 감명 깊은 구절

'구절 묵상'을 통해 당신에게 가장 감명을 준 구절들의 전체 또는 일부를 성경에서 찾아 옮겨 적으십시오. 그리고 이 내용을 수시로 묵상하며 주님을 찬양하는 데 활용하십시오. (이후에도 이 주제에 대해 잘 말해 주는 다른 구절이 있으면 추가하십시오.)

3. 관찰, 예화 및 인용문

4. 적용

5. 메모

단원 2

1. 아래 구절들을 찾아보고 묵상하십시오. 가장 마음에 와 닿은 구절을 단원 1의 '감명 깊은 구절'에 추가하십시오. 그 밖의 다른 구절들을 더 추가해 묵상해도 좋습니다.

   시편 90:14

   요한계시록 3:20

   요한일서 1:3-5

   잠언 3:32

   고린도전서 1:9

2. '감명 깊은 구절'(또는 다른 묵상 구절)에서 하나님과 친교를 나누는 것에 대해 말하는 바를 자신의 말로 요약하거나 요약식 개요로 만드십시오.

3. '감명 깊은 구절'에서 하나님 및 하나님의 임재에 관한 진리를 찾아보십시오. 그 진리들 가운데서 어떤 것이 가장 마음에 와 닿습니까? (예: 하나님과 당신의 관계, 하나님의 속성이나 태도, 열망, 약속, 행동 등)

4. 자신을 돌아보면서, 다음 질문에 답하십시오. (둘 중 하나만 할 수도 있습니다.)
   가. 이 과에서 공부한 내용대로 살지 못하도록 막는 생각이나 느낌, 혹은 주저하게 하는 것이 있다면 어떤 것인가?

   나. 이 과에서 공부한 내용이 중요하다는 데 머리로는 동의하지만, 매일의 나의 선택과 행동이 과연 나의 믿음을 나타내고 있는가? 나의 스케줄이나 하나님을 대하는 태도에서 하나님께서는 나에게 어떤 변화를 원하시는가?

5. 이 공부에서 당신의 마음에 와 닿은 진리를 간단한 문구로 만들어 보십시오. 하나님의 임재를 경험하기 위해 자주 활용할 수 있습니다.

6. 당신 가까이에 있는 가족이나 친지, 친구, 이웃, 또는 영적 자녀들 가운데 이 과에서 배운 진리가 도움이 될 사람이 있습니까? 그를 어떻게 도울 수 있겠습니까?

7. 더 풍성하게 하나님과 친교를 나누는 데 도움이 될 새로운 깨달음이나 실제적인 아이디어를 더 주시도록 기도하십시오. 그러한 것이 있으면 여기에 기록하여 개인적으로도 사용하고 다른 사람에게 나누기도 하십시오.

《하나님과 친교를 나눔》

출처	깨달음 또는 아이디어

4. 하나님의 말씀을 경청함

단원 1

하나님의 말씀을 진심으로 받아들이는 것은 생명 되신 하나님을 온전히 받아들이는 것과 같습니다. 말씀을 통해 하나님께서는 우리를 양육하시고 영양분을 공급하십니다. 말씀을 통해 하나님께서는 우리에게 자신을 주십니다. 말씀을 통해 우리는 하나님의 사랑을 즐깁니다. 인도를 받습니다. 은혜를 누립니다. 하나님의 능력을 얻어 순종을 합니다. 조지 뮐러가 말했듯이, 영적 삶의 활기는 우리의 생각이나 삶이 성경에 사로잡혀 있는 정도에 비례합니다.

하나님의 말씀인 성경을 가지고 있다는 것이 얼마나 놀라운 일인지 모릅니다! 성경은 효과적인 영적 삶을 위한 안내서입니다. 현명한 결정을 위한 핸드북입니다. 인생의 바다를 항해하는 데 꼭 필요한 나침반입니다. 격려와 지혜를 주는 최고의 원천입니다. 그리고 그 무엇보다도, 하나님의 마음을 들여다볼 수 있는 창문입니다.

기도

주님, 내게 말씀을 주시니 감사드리옵니다. 주님의 말씀은 완전하고 확실하며 정직하고 순결하나이다. 그러기에 주님의 말씀은 내가 100% 믿고 의지할 수 있나이다. 주님의 말씀은 나의 눈을 열어, 보이지 않지만 실재하는 영원한 세계를 볼 수 있게 하나이다. 그 세계는 물질세계의 그 어떤 것보다 더 큰 기쁨을 주나이다. 말씀으로 나아갈 때 주님께서는 내게 주님의 보배들과 영광스러운 목적들을 보여 주시며,

특히 주님께서 누구신가에 대한 놀라운 진리들을 보여 주시니, 얼마나 기쁜 일인지 모릅니다.

주님, 이 시간 성경 말씀들을 공부하며 묵상할 때, 주님께 가까이 나아가 주님께서 들려주시는 말씀에 귀를 기울이고자 하나이다. 내게 가까이 오사 주님과 풍성한 교제를 나누는 시간이 되게 하옵소서. 아멘.

1. 구절 묵상

마태복음 11:28-29

고린도전서 2:12-13

잠언 2:1-6

잠언 8:34

시편 25:5,8-10,14

누가복음 10:38-42

2. 감명 깊은 구절

'구절 묵상'을 통해 당신에게 가장 감명을 준 구절들의 전체 또는 일부를 성경에서 찾아 옮겨 적으십시오. 그리고 이 내용을 수시로 묵상하며 주님을 찬양하는 데 활용하십시오. (이후에도 이 주제에 대해 잘 말해 주는 다른 구절이 있으면 추가하십시오.)

3. 관찰, 예화 및 인용문

4. 적용

5. 메모

단원 2

1. 아래 구절들을 찾아보고 묵상하십시오. 가장 마음에 와 닿은 구절을 단원 1의 '감명 깊은 구절'에 추가하십시오. 그 밖의 다른 구절들을 더 추가해 묵상해도 좋습니다.

   요한복음 8:31-32

   잠언 22:17-21

   요한복음 17:6-8,13

   베드로후서 1:2-4

   시편 139:17-18

   요한복음 15:11

   요한복음 16:33

2. '감명 깊은 구절'(또는 다른 묵상 구절)에서 하나님의 말씀을 경청하는 것에 대해 말하는 바를 자신의 말로 요약하거나 요약식 개요로 만드십시오.

3. '감명 깊은 구절'에서 하나님 및 하나님의 임재에 관한 진리를 찾아보십시오. 그 진리들 가운데서 어떤 것이 가장 마음에 와 닿습니까? (예: 하나님과 당신의 관계, 하나님의 속성이나 태도, 열망, 약속, 행동 등)

4. 자신을 돌아보면서, 다음 질문에 답하십시오. (둘 중 하나만 할 수도 있습니다.)
   가. 이 과에서 공부한 내용대로 살지 못하도록 막는 생각이나 느낌, 혹은 주저하게 하는 것이 있다면 어떤 것인가?

   나. 이 과에서 공부한 내용이 중요하다는 데 머리로는 동의하지만, 매일의 나의 선택과 행동이 과연 나의 믿음을 나타내고 있는가? 나의 스케줄이나 하나님을 대하는 태도에서 하나님께서는 나에게 어떤 변화를 원하시는가?

5. 이 공부에서 당신의 마음에 와 닿은 진리를 간단한 문구로 만들어 보십시오. 하나님의 임재를 경험하기 위해 자주 활용할 수 있습니다.

6. 당신 가까이에 있는 가족이나 친지, 친구, 이웃, 또는 영적 자녀들 가운데 이 과에서 배운 진리가 도움이 될 사람이 있습니까? 그를 어떻게 도울 수 있겠습니까?

7. 하나님의 말씀을 경청하는 데 도움이 될 새로운 깨달음이나 실제적인 아이디어를 더 주시도록 기도하십시오. 그러한 것이 있으면 여기에 기록하여 개인적으로도 사용하고 다른 사람에게 나누기도 하십시오.

《하나님의 말씀을 경청함》

출처	깨달음 또는 아이디어

5. 하나님을 온전히 신뢰하고 마음을 토함

단원 1

우주 만물을 다스리시는 하나님께서 우리의 기도를 듣기를 기뻐하신다니 놀랍지 않습니까? 하나님께서는 우리의 마음과 필요를 세세하게 구체적으로 하나님께 쏟아 놓되, 감사함으로 하기를 원하십니다(빌립보서 4:6). 우리는 자신이 신경 쓰고 있는 일의 세부 사항은 자세히 언급하면서도 감사를 표현하는 것은 잊기 쉽습니다. 우리 삶에 시련을 허락하사 우리를 연단시키시는 것에 대해 감사드렸습니까? 주님께서는 우리를 위해 일하시겠다고 약속하셨고, 반드시 그 약속을 이루실 것입니다. 이에 대해 감사드렸습니까?

감사함으로 아뢰는 데 도움이 되는 방법을 하나 소개합니다. 먼저 특정한 필요와 관련된 세부 사항을 다 하나님께 말씀드리십시오. 그 다음, 하나님의 때에 하나님의 방법으로 역사하사 이 문제를 해결하여 주시도록 간구하십시오. 마지막으로 하나님께서 하나님의 때에 하나님의 방법으로 해결해 주실 것을 믿고 감사하십시오. 감사에 초점을 맞추기 바랍니다. 고통스런 일의 세부 사항을 자꾸 돌아보기보다는 이를 통해 하나님께서 이루실 긍정적인 것에 시야를 고정하십시오.

혹시 오래 끌어 온 문제가 있어서 거기에 당신의 마음이 온통 쏠려 있을 수도 있습니다. 그럴지라도 골치 아픈 그 문제의 세부 사항을 날마다 돌이켜 보는 것은 바람직하지 않습니다. 그 대신, 주님께서 해주셨으면 하는 긍정적인 것, 즉 부정적인 것들을 이길 수 있는 긍정적인 것을 하나 이상 기록하고, 그 긍정적인 것을 이뤄 주실 것을 확신하고, 감사함으로 주님께 계속 간구하십시오.

기도

주님, 주님께서 내 말에 귀를 기울이신다는 것을 아나이다. 이 사실을 생각할 때마다 얼마나 기쁜지요! 참으로 주님께서는 내가 주님을 온전히 신뢰하고 모든 것을 토하기를 원하시옵니다. 주님께서는 언제든 내게 시간을 내주시고, 나를 반겨 주시며, 내 말에 귀를 기울여 주시나이다. 이 모든 사실을 인하여 진심으로 감사드리옵니다.

또한 주님께서는 구하는 모든 이에게 후히 주시고 꾸짖지 아니하시기에, 주님의 꾸지람을 듣거나 주님께 퇴짜 맞을 것을 두려워하지 않고 언제든지 주님을 의지하고 주님께 나아가 나의 필요를 구할 수 있으니 얼마나 감사한지 모르나이다. 주님, '너희 구할 것을 감사함으로 하나님께 아뢰라'고 하신 말씀대로, 나의 모든 소원을 주님께 가지고 나아가 감사함으로 구하게 하옵소서. 내 안에 역사하사 평생 이 일을 꾸준히 지속하게 하옵소서.

주님, 이 시간 성경 말씀을 공부하며 묵상할 때, 내 마음을 활짝 열어 주님을 온전히 신뢰하고 나의 모든 것을 토하게 하옵소서. 날이 가고 달이 가고 해가 갈수록 이 영역에서 계속 성장해 가게 하옵소서. 아멘.

1. 구절 묵상

시편 62:8

빌립보서 4:6-7

히브리서 4:14-16

시편 102:1-7

시편 55:22

잠언 16:3

2. 감명 깊은 구절

'구절 묵상'을 통해 당신에게 가장 감명을 준 구절들의 전체 또는 일부를 성경에서 찾아 옮겨 적으십시오. 그리고 이 내용을 수시로 묵상하며 주님을 찬양하는 데 활용하십시오. (이후에도 이 주제에 대해 잘 말해 주는 다른 구절이 있으면 추가하십시오.)

3. 관찰, 예화 및 인용문

4. 적용

5. 메모

단원 2

1. 아래 구절들을 찾아보고 묵상하십시오. 가장 마음에 와 닿은 구절을 단원 1의 '감명 깊은 구절'에 추가하십시오. 그 밖의 다른 구절들을 더 추가해 묵상해도 좋습니다.

   시편 100:1-2

   마태복음 6:6-7

   로마서 8:26

   역대하 14:11

   시편 34:4-6

   시편 116:1-2

2. '감명 깊은 구절'(또는 다른 묵상 구절)에서 하나님을 온전히 신뢰하고 마음을 토하는 것에 대해 말하는 바를 자신의 말로 요약하거나 요약식 개요로 만드십시오.

3. '감명 깊은 구절'에서 하나님 및 하나님의 임재에 관한 진리를 찾아보십시오. 그 진리들 가운데서 어떤 것이 가장 마음에 와 닿습니까? (예: 하나님과 당신의 관계, 하나님의 속성이나 태도, 열망, 약속, 행동 등)

4. 자신을 돌아보면서, 다음 질문에 답하십시오. (둘 중 하나만 할 수도 있습니다.)
   가. 이 과에서 공부한 내용대로 살지 못하도록 막는 생각이나 느낌, 혹은 주저하게 하는 것이 있다면 어떤 것인가?

   나. 이 과에서 공부한 내용이 중요하다는 데 머리로는 동의하지만, 매일의 나의 선택과 행동이 과연 나의 믿음을 나타내고 있는가? 나의 스케줄이나 하나님을 대하는 태도에서 하나님께서는 나에게 어떤 변화를 원하시는가?

5. 이 공부에서 당신의 마음에 와 닿은 진리를 간단한 문구로 만들어 보십시오. 하나님의 임재를 경험하기 위해 자주 활용할 수 있습니다.

6. 당신 가까이에 있는 가족이나 친지, 친구, 이웃, 또는 영적 자녀들 가운데 이 과에서 배운 진리가 도움이 될 사람이 있습니까? 그를 어떻게 도울 수 있겠습니까?

7. 더욱더 하나님을 온전히 신뢰하고 마음을 토하는 데 도움이 될 새로운 깨달음이나 실제적인 아이디어를 더 주시도록 기도하십시오. 그러한 것이 있으면 여기에 기록하여 개인적으로도 사용하고 다른 사람에게 나누기도 하십시오.

《하나님을 온전히 신뢰하고 마음을 토함》

출처	깨달음 또는 아이디어

6. 하나님 안에 거함

단원 1

하나님께서는 하나님 자신으로 우리를 충만케 하기 원하십니다. 바울은 이를 위해 기도했습니다. "하나님의 모든 충만하신 것으로 너희에게 충만하게 하시기를 구하노라"(에베소서 3:19). 하나님의 임재는 우리로 충만한 사랑과 자유와 해방을 맛보게 합니다. 하나님께서는 우리 삶 속에서 '부정적인 것들'을 몰아내시고 하나님의 사랑과 기쁨과 평화로 충만케 하십니다. 또한 사탄과 육신과 세상의 파괴적인 영향력을 물리치십니다. 하나님께서는 우리를 충만케 하사 우리의 의지로 참자유를 얻게 하심으로 우리 자신이 '진정으로' 원하는 것을 선택할 수 있게 하십니다.

우리는 주님과 살아 있는 유기체적 연합을 이루고 있습니다. 주님께서는 우리 안에 거하시고 우리는 주님 안에 거합니다(요한복음 15:4-5). 이처럼 우리는 주님과의 유기체적 연합의 관계 가운데 살고 있으며, 이 관계는 평생을 걸쳐 계속 깊어져 가야 합니다. 우리는 주님 안에 거하고 있습니다. 주님만이 영원토록 우리의 참된 거처요 집이 되십니다(시편 90:1 참조). 그 집은 나무나 돌로 지은 집처럼 들어가고 나오는 집이 아닙니다. 우리의 집이신 주님께서는 영원히 우리 안에 거하시기 때문입니다. 우리는 두 곳에서 살고 있습니다. 하나는 눈에 보이지 않는, 우리 안에 거하시는 주님이시요, 하나는 우리 눈에 보이는 바깥세상입니다. 우리는 완전한 평화와 안전이 깃든 주님 안에서 사는 동시에 문제와 위험이 도사리고 있는 세상 안에서 살고 있는 것입니다. 우리는 안에서도 살고 밖에서도 살고 있는 셈입니다. 우리 안에는 신선한 생명이 솟아나는 샘이 있습니다(요한복음 7:37-39 참조). 거기서 생명의 물이 흘러나와 세상으로 흘러들어갈 때 우리는 사람들과 올바른 관계를 맺고, 책임을 잘 감당하며, 시련을 능히 이겨 낼 수 있습니다.

기도

하나님 아버지, 나로 그리스도 안에 거하게 하시니 감사드리옵니다. 나를 그리스도 안으로 맞아들이사 그리스도와 연합하게 하시고, 그리스도의 생명을 받아 누리게 하셨나이다. 주님만이 나의 참된 생명이 되시나이다. 내 영을 지금부터 영원까지 주님께서 거하시는 거룩한 처소로 삼으셨으니 얼마나 감사한 일인지요! 그 사랑과 은혜가 얼마나 큰지 모르나이다. 주님과의 연합을 통해 내 영혼 깊은 곳에서 나를 주님의 형상으로 빚어 가시니 기쁨이 넘치나이다. 주님께서는 나를 새로운 피조물, 새사람으로 만드셨나이다. 이제 내 안에는 새로운 생명의 원천, 생명의 샘이 있나이다. 그 샘에서 끊임없이 생명이 흘러나오게 하시니 감사드리옵니다.

주님, 이 시간 주님 안에 거하는 삶과 연관하여 성경 말씀들을 공부하고 묵상할 때, 새로운 이해와 깨달음을 주옵소서. 아멘.

1. 구절 묵상

이사야 57:15

요한복음 14:23

고린도전서 6:19-20

빌립보서 2:13

골로새서 1:27

고린도후서 6:16

2. 감명 깊은 구절

'구절 묵상'을 통해 당신에게 가장 감명을 준 구절들의 전체 또는 일부를 성경에서 찾아 옮겨 적으십시오. 그리고 이 내용을 수시로 묵상하며 주님을 찬양하는 데 활용하십시오. (이후에도 이 주제에 대해 잘 말해 주는 다른 구절이 있으면 추가하십시오.)

3. 관찰, 예화 및 인용문

4. 적용

5. 메모

단원 2

1. 아래 구절들을 찾아보고 묵상하십시오. 가장 마음에 와 닿은 구절을 단원 1의 '감명 깊은 구절'에 추가하십시오. 그 밖의 다른 구절들을 더 추가해 묵상해도 좋습니다.

   에베소서 3:16-19

   요한복음 15:5,9

   요한일서 2:28

   요한일서 4:16

   시편 91:1-2

   신명기 33:12

2. '감명 깊은 구절'(또는 다른 묵상 구절)에서 하나님 안에 거하고 하나님께서 당신 안에 거하시는 것에 대해 말하는 바를 자신의 말로 요약하거나 요약식 개요로 만드십시오.

3. '감명 깊은 구절'에서 하나님 및 하나님의 임재에 관한 진리를 찾아보십시오. 그 진리들 가운데서 어떤 것이 가장 마음에 와 닿습니까? (예: 하나님과 당신의 관계, 하나님의 속성이나 태도, 열망, 약속, 행동 등)

4. 자신을 돌아보면서, 다음 질문에 답하십시오. (둘 중 하나만 할 수도 있습니다.)
   가. 이 과에서 공부한 내용대로 살지 못하도록 막는 생각이나 느낌, 혹은 주저하게 하는 것이 있다면 어떤 것인가?

   나. 이 과에서 공부한 내용이 중요하다는 데 머리로는 동의하지만, 매일의 나의 선택과 행동이 과연 나의 믿음을 나타내고 있는가? 나의 스케줄이나 하나님을 대하는 태도에서 하나님께서는 나에게 어떤 변화를 원하시는가?

5. 이 공부에서 당신의 마음에 와 닿은 진리를 간단한 문구로 만들어 보십시오. 하나님의 임재를 경험하기 위해 자주 활용할 수 있습니다.

6. 당신 가까이에 있는 가족이나 친지, 친구, 이웃, 또는 영적 자녀들 가운데 이 과에서 배운 진리가 도움이 될 사람이 있습니까? 그를 어떻게 도울 수 있겠습니까?

7. 온전하고 지속적으로 하나님 안에 거하는 데 도움이 될 새로운 깨달음이나 실제적인 아이디어를 더 주시도록 기도하십시오. 그러한 것이 있으면 여기에 기록하여 개인적으로도 사용하고 다른 사람에게 나누기도 하십시오.

《하나님 안에 거함》

출처	깨달음 또는 아이디어

7. 하나님과 동행함

단원 1

낯선 곳을 여행할 때 길을 잘 안내해 주는 노련한 안내자가 함께하면 얼마나 마음 든든한지 모릅니다. 또한 힘든 여행을 할 때면 격려를 잘하는 동료가 곁에 있는 게 얼마나 큰 위안이 되는지 모릅니다.

바로 그러한 특권을 우리는 하나님과의 관계에서 누리고 있습니다. 하나님께서는 이 땅의 여행에서 우리의 인도자시요, 격려자이시며, 전능하신 보호자이십니다. 하나님께서는 언제나 우리와 함께하시며, 모든 여정에서 길을 가르쳐 주십니다. 우리 짐을 져주시고, 내적 외적으로 힘도 공급해 주십니다. 올바른 길에서 벗어나지 않게 해주시고, 수많은 즐거움도 누리게 해주십니다. 그리고 그 길을 다 갈 때까지 계속 안심시켜 주십니다. "이는 나 여호와 너의 하나님이 네 오른손을 붙들고 네게 이르기를, '두려워 말라. 내가 너를 도우리라' 할 것임이니라"(이사야 41:13). 하나님 아버지께서 이렇게 약속하시니 큰 격려가 됩니다.

기도

주님, 모든 인생길에서 주님과 동행하는 특권을 주시니 감사드리옵니다. 그 길을 가면서 순간순간 주님의 임재를 즐길 수 있고 주님을 의지함으로 새로운 힘을 얻을 수 있으니 감사드리옵니다. 주님과 함께라면 달려가도 곤비하지 않고 걸어가도 피곤하지 않으니 감사하나이다. 또한 그 길을 가는 동안 최종 목적지인 하늘나라에 맞게 나를 준비시켜 주시며, 영원한 본향의 관습과 문화를 가르쳐 주시니 감사드리옵니다.

주님, 이 시간 주님과의 동행에 관한 말씀들을 공부할 때, 내 마음의 눈을 활짝 열어 내가 어떻게 살아야 할지 알게 하시고, 주님께서는 본향으로 향하는 나의 여정을 능히 인도하실 수 있는 분임을 온전히 확신하게 하옵소서. 아멘.

1. 구절 묵상

   여호수아 1:9

   미가 6:8

   시편 23:4

   시편 73:21-24,28

   말라기 2:6

2. 감명 깊은 구절

   '구절 묵상'을 통해 당신에게 가장 감명을 준 구절들의 전체 또는 일부를 성경에서 찾아 옮겨 적으십시오. 그리고 이 내용을 수시로 묵상하며 주님을 찬

양하는 데 활용하십시오. (이후에도 이 주제에 대해 잘 말해 주는 다른 구절이 있으면 추가하십시오.)

3. 관찰, 예화 및 인용문

4. 적용

5. 메모

단원 2

1. 아래 구절들을 찾아보고 묵상하십시오. 가장 마음에 와 닿은 구절을 단원 1의 '감명 깊은 구절'에 추가하십시오. 그 밖의 다른 구절들을 더 추가해 묵상해도 좋습니다.

   히브리서 13:5-6

   역대하 32:7-8

   이사야 43:2

   갈라디아서 5:16

   데살로니가전서 4:1-2

   에베소서 5:2

2. '감명 깊은 구절'(또는 다른 묵상 구절)에서 하나님과 동행하는 것에 대해 말하는 바를 자신의 말로 요약하거나 요약식 개요로 만드십시오.

3. '감명 깊은 구절'에서 하나님 및 하나님의 임재에 관한 진리를 찾아보십시오. 그 진리들 가운데서 어떤 것이 가장 마음에 와 닿습니까? (예: 하나님과 당신의 관계, 하나님의 속성이나 태도, 열망, 약속, 행동 등)

4. 자신을 돌아보면서, 다음 질문에 답하십시오. (둘 중 하나만 할 수도 있습니다.)
   가. 이 과에서 공부한 내용대로 살지 못하도록 막는 생각이나 느낌, 혹은 주저하게 하는 것이 있다면 어떤 것인가?

   나. 이 과에서 공부한 내용이 중요하다는 데 머리로는 동의하지만, 매일의 나의 선택과 행동이 과연 나의 믿음을 나타내고 있는가? 나의 스케줄이나 하나님을 대하는 태도에서 하나님께서는 나에게 어떤 변화를 원하시는가?

5. 이 공부에서 당신의 마음에 와 닿은 진리를 간단한 문구로 만들어 보십시오. 하나님의 임재를 경험하기 위해 자주 활용할 수 있습니다.

6. 당신 가까이에 있는 가족이나 친지, 친구, 이웃, 또는 영적 자녀들 가운데 이 과에서 배운 진리가 도움이 될 사람이 있습니까? 그를 어떻게 도울 수 있겠습니까?

7. 하나님과 더 긴밀히 동행하는 데 도움이 될 새로운 깨달음이나 실제적인 아이디어를 더 주시도록 기도하십시오. 그러한 것이 있으면 여기에 기록하여 개인적으로도 사용하고 다른 사람에게 나누기도 하십시오.

《하나님과 동행함》

출처	깨달음 또는 아이디어

8. 하나님께 순종함

단원 1

하나님의 어떤 명령들은 때로 따르기 어렵고, 벅차고, 심지어 행할 수 없는 것처럼 보이기도 합니다. 그러나 누군가가 말했듯이 하나님의 명령은 종종 변장을 하고 찾아온 기회입니다. 하나님께서 명령을 하실 때는 행할 수 있는 능력도 주시며, 그 능력을 경험하려면 하나님을 신뢰하고 순종하기로 결심해야 합니다. 하나님의 명령들을 꼼꼼히 살펴보고 그 문맥을 이해하게 되면 우리는 그 명령들이 축복된 삶으로의 초청이요, 하나님을 경험할 놀라운 기회요, 우리를 지켜 주는 보호자라는 것을 알게 됩니다.

우리는 자신의 장래를 위해 계획을 세울 수 있으며 또 세워야 합니다. 자신만의 꿈도 꾸어야 합니다. 하나님을 위해 무엇을 하고 싶은지도 생각해야 합니다. 하지만 우리의 마음만은 언제나 하나님께 고정시켜야 합니다. 하나님의 인도와 부르심에 기꺼이 순종해야 합니다. 우리가 하나님을 영화롭게 하는 것을 행하기를 갈망할 때 하나님께 기쁨을 드립니다. 때로는 하나님께서 원하시면 어떤 것을 하지 않고 그냥 있는 것으로 만족할 때 하나님께 기쁨을 드리기도 합니다.

기도

(당신의 마음을 하나님의 인도와 주재권에 맞추는 데 유익한 기도를 하나 소개합니다. 헨리에타 미어스 여사는 하루를 시작하면서 다음과 같이 기도했는데, 이 과에서는 이 기도를 사용하여 기도하겠습니다.)

주님, 여기에 내 발이 있나이다. 오늘 주님께서 원하시는 곳으로 나를 데려가게 하옵소서. 여기에 내 몸이 있나이다. 오늘 주님을 위해 살게 하옵소서. 여기에 내 손이 있나이다. 오늘 주님을 섬기게 하옵소서. 여기에 내 눈이 있나이다. 오늘 주님께서 원하시는 것, 오직 주님께서 원하시는 것만 보게 하옵소서. 여기에 내 귀가 있나이다. 오늘 주님께서 원하시는 것을 듣게 하옵소서. 여기에 내 입이 있나이다. 오늘 주님을 기쁘시게 할 것만 말하게 하옵소서. 여기에 내 마음이 있나이다. 오늘 하루 종일 주님의 생각을 하며 모든 행동에서 주님을 생각하고 행동하게 하옵소서.

주님, 모든 지휘관 중에 가장 은혜로우시고 지혜로우신 주님께 순종하는 특권을 주시니 감사드리옵니다. 이 공부를 통해 더 온전히, 더 즐거이 주님께 순종하게 하옵소서. 아멘.

1. 구절 묵상

누가복음 6:46-49

신명기 5:29

야고보서 1:22-25

시편 119:9-11,59-60

누가복음 8:21

로마서 12:1-2

2. 감명 깊은 구절

    '구절 묵상'을 통해 당신에게 가장 감명을 준 구절들의 전체 또는 일부를 성경에서 찾아 옮겨 적으십시오. 그리고 이 내용을 수시로 묵상하며 주님을 찬양하는 데 활용하십시오. (이후에도 이 주제에 대해 잘 말해 주는 다른 구절이 있으면 추가하십시오.)

3. 관찰, 예화 및 인용문

4. 적용

5. 메모

단원 2

1. '구절 묵상'에 열거된 구절들을 통해, 하나님께서 왜 당신이 순종하기를 간절히 원하시는지 그 이유를 몇 가지 들어 보십시오.

2. 하나님께서는 자신의 사랑과 임재를 더 보여 주시기 위해 당신이 어떤 반응과 행동을 나타내기 원하십니까? (요한복음 14:21-24, 신명기 7:9 참조)

3. '큰 계명'을 설명하고 개인적인 적용을 기록하십시오. (마태복음 22:36-40)

4. 날마다 변함없이 우리를 비춰 주는 햇빛처럼, 우리와 함께하시고 우리의 삶에 개입하고자 하시는 하나님의 열망은 변함이 없습니다. 그러나 때로 우리는 하나님께 등을 돌립니다. 그럴 때는 빛 대신 어두움을, 하나님과의 따뜻한 교제 대신 고독감을 경험하게 됩니다. 이사야 59:1-2과 시편 32:5을 묵상하고, 깨어진 교제의 원인과 해결책을 기록하십시오.

결코 순종을 통해 하나님의 사랑을 사지는 못합니다. 다만 우리는 순종을 통해 하나님의 사랑이 찬란히 빛나는 길, 하나님의 임재와 풍성한 삶이 약속된 길을 선택할 수 있습니다. 그 길에 있을 때 우리는 하나님의 사랑과 축복의 중심에 머물게 됩니다. 우리가 순종의 길을 걸을 때 하나님께서는 우리를 사랑하시고 우리에게 자신을 나타내 주십니다.

5. 하나님의 따뜻한 사랑을 경험하지 못하도록 뭔가가 가로막는 것을 느끼는데, 삶 가운데 무슨 죄가 있는지 모를 경우, 어떻게 해야 합니까? (시편 139:23-24, 119:130, 히브리서 4:12-13 참조.)

6. 죄를 자백하고 나서 하나님의 사랑과 임재를 다시 느끼는 데 도움을 얻으려면, 누가복음 15:11-32에 나오는 아버지가 아들을 대하듯이 하나님께서 당신을 대하시는 것을 마음속으로 그려 보십시오. 아버지의 감정과 반응은 무엇이었습니까? 그리고 아들의 감정과 반응은 무엇이었습니까? 만약 아버지가 차갑고 율법적이었다면 무엇이라고 말했을까요? 아버지는 아들이 잘못을 고백한 즉시 어떻게 했습니까?

7. 히브리서 11:24-27에서, 순종에 이르는 열쇠와 순종의 대가에 대해 배운 것은 무엇입니까?

8. 빌립보서 2:13과 요한일서 5:4-5을 묵상해 보십시오. 순종과 승리와 관련하여, 하나님의 몫과 당신의 몫은 무엇입니까?

9. 하나님을 섬김

단원 1

사람들은 플라스틱, 밀랍, 나무, 유리, 수정 등 여러 가지 재료로 정말 진짜처럼 보이는 과일 모형을 만들기도 합니다. 그러나 진짜 과일을 만들 수 있는 사람은 아무도 없습니다. 영적 열매를 인위적으로 맺을 수 없다는 것 또한 분명합니다. 영적 열매를 맺으려면 오로지 우리 삶이라는 '토양'에 성령으로 물을 대야 합니다. 그리고 하나님의 말씀으로 영양분을 공급하며, 하나님의 사랑의 손길로 보살핌을 받아야 합니다. 하나님께 견고하게 뿌리내릴 때 우리는 영적으로 자라 가고, 꽃을 피우고, 하나님께서 부르신 목적을 이루어 갑니다. 그때 우리 주위 사람들은 성령께서 우리 안에서 역사하신 결과를 통해 유익을 누립니다.

벤자민 젠크스(1646-1724)의 기도를 따라 하는 것도 좋습니다. "오, 주님, 우리의 심령을 새롭게 하시고 우리의 마음을 주님께로 이끄사 우리의 일이 우리에게 짐이 아니라 기쁨이 되게 하옵소서. 또한 우리에게 주님을 극진히 사랑하는 마음을 주사 항상 즐거운 마음으로 순종하게 하소서. 노예처럼 굴종의 태도로 주님을 섬기지 않게 하시고, 자녀로서 즐거움과 기쁨으로 섬기게 하옵소서. 주님 안에서 즐거워하고, 주님의 일을 기뻐하게 하옵소서."

기도

주님, 주님 앞에 잠잠히 서서 주님을 바라보나이다. 주님께서는 은혜로운 왕이시요 심판자시나이다. 주님께서는 내가 어떻게 살고 어떻게 주님을 섬겼는지에 따라 내게

상을 주실 줄 믿나이다. 내가 지금까지 얼마나 잘해 왔는지를 생각지 않겠나이다. 구하옵나니, 다만 주님을 위해 열심히 수고하여 계속 열매를 맺을 수 있도록 능력을 주옵소서. 열매 없는 수고를 하지 않게 해주시고, 내 안에 있는 주님의 생명으로 말미암아 풍성한 열매를 맺게 하옵소서.

하나님 아버지, 이 시간 성경 말씀들을 공부하며 묵상할 때 더욱 온전히 나를 준비시켜 주사, 주님 앞에 가는 그날까지 일평생 주님께서 원하시는 방법으로 주님을 섬길 수 있게 하옵소서. 아멘.

1. 구절 묵상

마태복음 9:36-38

고린도후서 5:14-15,18-20

마태복음 28:19-20

갈라디아서 6:9-10

고린도후서 9:6-7

마태복음 25:34-40

2. 감명 깊은 구절

'구절 묵상'을 통해 당신에게 가장 감명을 준 구절들의 전체 또는 일부를 성경에서 찾아 옮겨 적으십시오. 그리고 이 내용을 수시로 묵상하며 주님을 찬

양하는 데 활용하십시오. (이후에도 이 주제에 대해 잘 말해 주는 다른 구절이 있으면 추가하십시오.)

3. 관찰, 예화 및 인용문

4. 적용

5. 메모

단원 2

1. 아래 구절들을 찾아보고 묵상하십시오. 가장 마음에 와 닿은 구절을 단원 1의 '감명 깊은 구절'에 추가하십시오. 그 밖의 다른 구절들을 더 추가해 묵상해도 좋습니다.

   에베소서 6:18-19

   골로새서 1:28-29

   로마서 14:19

   로마서 12:4-8

   히브리서 6:10

   이사야 58:6-12

2. '감명 깊은 구절'(또는 다른 묵상 구절)에서 하나님을 섬기는 것에 대해 말하는 바를 자신의 말로 요약하거나 요약식 개요로 만드십시오.

3. '감명 깊은 구절'에서 하나님 및 하나님의 임재에 관한 진리를 찾아보십시오. 그 진리들 가운데서 어떤 것이 가장 마음에 와 닿습니까? (예: 하나님과 당신의 관계, 하나님의 속성이나 태도, 열망, 약속, 행동 등)

4. 자신을 돌아보면서, 다음 질문에 답하십시오. (둘 중 하나만 할 수도 있습니다.)
   가. 이 과에서 공부한 내용대로 살지 못하도록 막는 생각이나 느낌, 혹은 주저하게 하는 것이 있다면 어떤 것인가?

   나. 이 과에서 공부한 내용이 중요하다는 데 머리로는 동의하지만, 매일의 나의 선택과 행동이 과연 나의 믿음을 나타내고 있는가? 나의 스케줄이나 하나님을 대하는 태도에서 하나님께서는 나에게 어떤 변화를 원하시는가?

5. 이 공부에서 당신의 마음에 와 닿은 진리를 간단한 문구로 만들어 보십시오. 하나님의 임재를 경험하기 위해 자주 활용할 수 있습니다.

6. 당신 가까이에 있는 가족이나 친지, 친구, 이웃, 또는 영적 자녀들 가운데 이 과에서 배운 진리가 도움이 될 사람이 있습니까? 그를 어떻게 도울 수 있겠습니까?

7. 더 효과적으로 하나님을 섬기는 데 도움이 될 새로운 깨달음이나 실제적인 아이디어를 더 주시도록 기도하십시오. 그러한 것이 있으면 여기에 기록하여 개인적으로도 사용하고 다른 사람에게 나누기도 하십시오.

《하나님을 섬김》

출처	깨달음 또는 아이디어

10. 하나님의 돌보심을 누림

단원 1

A. W. 토저는 이렇게 말했습니다. "하나님과 나누는 교제의 즐거움은 그 어떤 말로도 다 표현할 수 없습니다. 하나님께서는 친히 구속(救贖)한 사람들과 친밀한 교제를 나누십니다. 이 자유롭고 편안한 교제 안에서 우리 영혼은 참된 쉼과 치유를 경험합니다.… 하나님께서는 우리를 사랑하시되 있는 그대로 사랑하시며, 우리의 사랑을 그 지으신 우주 만물보다 더 귀히 여기십니다."

어떤 특별한 장면을 마음속으로 그려 보면 마음을 새롭게 하여 하나님과 교제를 갖는 데 도움이 됩니다. 예를 들면, 하나님의 날개 그늘 아래 피난처를 삼고 있는 장면, 따뜻한 벽난로 앞에 편안하게 쉬고 있는 장면, 평화로운 교회당에서 긴장을 풀고 잠잠히 앉아 있는 장면, 혹은 아름다운 저녁놀이나 밤하늘의 총총한 별을 감상하고 있는 장면 등을 그려 볼 수 있습니다. 당신 마음에 그린 그 장면 속으로 들어가 다음 기도문을 읽어 보십시오.

기도

사랑하는 주님, 이 시간 주님 앞에 나아가 잠잠히 서 있나이다. 주님의 사랑과 힘과 능력의 손길로 나를 어루만져 주옵소서. 주님께 내 자신을 활짝 여옵니다. 한량없는 주님의 사랑으로 나를 붙드시고, 품으시며, 온전한 쉼을 누리게 하옵소서. 따스한 봄 햇살처럼 주님의 성령으로 내 영혼을 가득 채워 주옵소서. 날마다 주님의 인자하심과 선하심을 새롭게 맛보게 하시고, 주님의 지혜로 나를 충만케 하옵소서. 측량할 수 없는 주님의 명철을 얻게 하시고, 주님의 영원한 시야로 사물을 바라보게 하옵소서. 주님의 존전에서 주님의 얼굴을 뵐 수 있는 특권을 주시니 감사하나이다.

하나님 아버지, 이 시간 성경 말씀들을 공부하며 묵상할 때, 주님이 누구신지 알아감으로 내 영혼에 기쁨이 넘치게 하시고, 내게 주신 주님의 약속을 더욱 신뢰하게 하옵소서. 아멘.

1. 구절 묵상

시편 94:18-19

시편 18:35-36

신명기 33:27

이사야 41:13-14

다니엘 10:18-19

시편 37:23-24

2. 감명 깊은 구절

'구절 묵상'을 통해 당신에게 가장 감명을 준 구절들의 전체 또는 일부를 성경에서 찾아 옮겨 적으십시오. 그리고 이 내용을 수시로 묵상하며 주님을 찬양하는 데 활용하십시오. (이후에도 이 주제에 대해 잘 말해 주는 다른 구절이 있으면 추가하십시오.)

3. 관찰, 예화 및 인용문

4. 적용

5. 메모

단원 2

1. 아래 구절들을 찾아보고 묵상하십시오. 가장 마음에 와 닿은 구절을 단원 1의 '감명 깊은 구절'에 추가하십시오. 그 밖의 다른 구절들을 더 추가해 묵상해도 좋습니다.

   시편 44:3

   이사야 46:3-4

   호세아 11:3-4

   누가복음 15:20

   시편 57:1-2

   시편 63:7-8

2. '감명 깊은 구절'(또는 다른 묵상 구절)에서 하나님의 돌보심을 누리는 것에 대해 말하는 바를 자신의 말로 요약하거나 요약식 개요로 만드십시오.

3. '감명 깊은 구절'에서 하나님 및 하나님의 임재에 관한 진리를 찾아보십시오. 그 진리들 가운데서 어떤 것이 가장 마음에 와 닿습니까? (예: 하나님과 당신의 관계, 하나님의 속성이나 태도, 열망, 약속, 행동 등)

4. 자신을 돌아보면서, 다음 질문에 답하십시오. (둘 중 하나만 할 수도 있습니다.)
   가. 이 과에서 공부한 내용대로 살지 못하도록 막는 생각이나 느낌, 혹은 주저하게 하는 것이 있다면 어떤 것인가?

   나. 이 과에서 공부한 내용이 중요하다는 데 머리로는 동의하지만, 매일의 나의 선택과 행동이 과연 나의 믿음을 나타내고 있는가? 나의 스케줄이나 하나님을 대하는 태도에서 하나님께서는 나에게 어떤 변화를 원하시는가?

5. 이 공부에서 당신의 마음에 와 닿은 진리를 간단한 문구로 만들어 보십시오. 하나님의 임재를 경험하기 위해 자주 활용할 수 있습니다.

6. 당신 가까이에 있는 가족이나 친지, 친구, 이웃, 또는 영적 자녀들 가운데 이 과에서 배운 진리가 도움이 될 사람이 있습니까? 그를 어떻게 도울 수 있겠습니까?

7. 하나님의 돌보심을 누리는 데 도움이 될 새로운 깨달음이나 실제적인 아이디어를 더 주시도록 기도하십시오. 그러한 것이 있으면 여기에 기록하여 개인적으로도 사용하고 다른 사람에게 나누기도 하십시오.

《하나님의 돌보심을 누림》

출처	깨달음 또는 아이디어

11. 하나님의 가족들과 교제함

단원 1

하나님과의 관계를 최대한 즐기고 누리려면 하나님의 가족들과도 좋은 관계 가운데 있어야 합니다. 성경에서는 이렇게 말합니다. "우리가 서로 사랑하면 하나님이 우리 안에 거하시고 그의 사랑이 우리 안에 온전히 이루느니라" (요한일서 4:12).

하나님 아버지의 얼굴을 가리는 먹구름이 없는 삶을 살기 원합니까? 영적 공기를 오염시키는 스모그가 없는 삶을 살기 원합니까? 삶 속에서 하나님을 풍성하게 경험하며 계속 그 면에서 발전해 가기 원합니까? 아니면 하나님의 가족인 형제 자매들에 대해 힘든 감정을 안고 그럭저럭 살아가는, 참으로 불행한 삶을 원합니까? 명심하기 바랍니다. 그리스도인들 사이에 논쟁이나 불화가 생기면 사탄은 양편 모두에게 탄약을 공급한다는 사실을 말입니다. 사탄을 기쁘게 하지 맙시다. 오히려 잘못을 범하는 형제 자매들을 위해 겸손한 마음으로 기도해 주고, 그들의 장점으로 인해 주님을 찬양합시다. 그들을 높여 주고 칭찬하기를 잊지 맙시다.

기도

사랑하는 주님, 오늘 만나는 모든 사람을 사랑과 존경의 눈으로 바라보게 하시고, 온유한 지혜로 대하게 해주옵소서. 하나님의 자녀들의 흠과 잘못 너머로 훌륭하고 칭찬할 만한 것들을 보게 해주옵소서. 불평과 불만이 아니라 존경과 감사로 내 마음을 채워 주옵소서. 주님께서 나를 통해 누군가를 바로잡거나 권면하고자 하실 때는 은혜와 사랑의 태도를 갖게 해주시고, 때에 맞는 방법으로 진리를 말하게 하옵소서. 무례한 말은 한마디도 입 밖으로 나오지 않게 하여 주시고, 격려의 말로 내 입술을 채워 주옵소서.

주님, 이 시간 성경 말씀들을 공부하며 묵상할 때, 하나님의 가족들과 사랑으로 교제하며 사는 방법들을 새롭게 보여 주옵소서. 아멘.

1. 구절 묵상

히브리서 10:24-25

빌립보서 2:1-4

에베소서 4:1-3,32

마태복음 5:23-24

갈라디아서 6:1-2

로마서 15:5-7

2. 감명 깊은 구절

'구절 묵상'을 통해 당신에게 가장 감명을 준 구절들의 전체 또는 일부를 성경에서 찾아 옮겨 적으십시오. 그리고 이 내용을 수시로 묵상하며 주님을 찬양하는 데 활용하십시오. (이후에도 이 주제에 대해 잘 말해 주는 다른 구절이 있으면 추가하십시오.)

3. 관찰, 예화 및 인용문

4. 적용

5. 메모

단원 2

1. 아래 구절들을 찾아보고 묵상하십시오. 가장 마음에 와 닿은 구절을 단원 1의 '감명 깊은 구절'에 추가하십시오. 그 밖의 다른 구절들을 더 추가해 묵상해도 좋습니다.

   골로새서 3:16

   에베소서 4:11-12,15-16

   요한일서 1:5-7

   말라기 3:16

   에베소서 2:19-22

   시편 34:1-3

2. '감명 깊은 구절'(또는 다른 묵상 구절)에서 하나님의 가족들과 교제하는 것에 대해 말하는 바를 자신의 말로 요약하거나 요약식 개요로 만드십시오.

3. '감명 깊은 구절'에서 하나님 및 하나님의 임재에 관한 진리를 찾아보십시오. 그 진리들 가운데서 어떤 것이 가장 마음에 와 닿습니까? (예: 하나님과 당신의 관계, 하나님의 속성이나 태도, 열망, 약속, 행동 등)

4. 자신을 돌아보면서, 다음 질문에 답하십시오. (둘 중 하나만 할 수도 있습니다.)
   가. 이 과에서 공부한 내용대로 살지 못하도록 막는 생각이나 느낌, 혹은 주저하게 하는 것이 있다면 어떤 것인가?

   나. 이 과에서 공부한 내용이 중요하다는 데 머리로는 동의하지만, 매일의 나의 선택과 행동이 과연 나의 믿음을 나타내고 있는가? 나의 스케줄이나 하나님의 가족들을 대하는 태도에서 하나님께서는 나에게 어떤 변화를 원하시는가?

5. 이 공부에서 당신의 마음에 와 닿은 진리를 간단한 문구로 만들어 보십시오. 하나님의 임재를 경험하기 위해 자주 활용할 수 있습니다.

6. 당신 가까이에 있는 가족이나 친지, 친구, 이웃, 또는 영적 자녀들 가운데 이 과에서 배운 진리가 도움이 될 사람이 있습니까? 그를 어떻게 도울 수 있겠습니까?

7. 하나님의 가족들과의 하나 되고 덕을 세우는 교제를 유지하는 데 도움이 될 새로운 깨달음이나 실제적인 아이디어를 더 주시도록 기도하십시오. 그러한 것이 있으면 여기에 기록하여 개인적으로도 사용하고 다른 사람에게 나누기도 하십시오.

《하나님의 가족들과 교제함》

출처	깨달음 또는 아이디어

12. 하나님을 기뻐함

단원 1

살아가다 보면 때로 기쁨의 순간들을 경험하는데, 그럴 때면 우리 영혼은 기뻐 외칩니다. 그 놀라운 순간들을 하나님께 대한 예배로 이끄십시오. 하나님께서는 우리가 생의 아름다움을 즐기며, 하나님의 창조성을 기리기 원하십니다. 또한 시련과 좌절을 겪을 때는 하나님의 사랑과 능력을 경험하기 원하십니다. 하나님의 사랑과 능력은 모든 고난을 통과할 때까지 우리를 붙들어 줍니다.

하늘에 계신 하나님 아버지께서는 우리에게 놀라운 것들을 많이 주사 우리로 기뻐할 수 있게 하셨습니다. 그러나 그 어떤 것도 하나님 자신보다 더 놀랍지는 않습니다!

기도

주님, 나의 가장 큰 기쁨과 만족은 나의 성취나 업적에 있지 않고 오직 주님 안에 있나이다. 주님의 임재 가운데 사는 그 자체가 가장 큰 기쁨이옵니다. 늘 주님과의 친밀한 관계 가운데 살아가기를 간절히 원하옵니다. 주님께서 아무런 방해 없이 항상 내 마음속에 편히 거하시기 원하옵니다. 내 마음을 활짝 열고 사랑으로 주님께 응답하게 하옵시고, 내 마음을 더욱 온전히 주님께 드림으로 주님으로 충만해지게 하옵소서.

하나님 아버지, 지금 이 공부를 할 때 내 눈을 열어 주님의 말씀에서 놀라운 것들을 보게 하옵소서. 특히 주님의 놀라우심을 더욱 풍성히 깨닫게 하옵소서. 아멘.

1. 구절 묵상

　이사야 61:10

　시편 84:1-4

　베드로전서 1:8

　로마서 5:11

　시편 18:1-3

2. 감명 깊은 구절

　'구절 묵상'을 통해 당신에게 가장 감명을 준 구절들의 전체 또는 일부를 성경에서 찾아 옮겨 적으십시오. 그리고 이 내용을 수시로 묵상하며 주님을 찬

양하는 데 활용하십시오. (이후에도 이 주제에 대해 잘 말해 주는 다른 구절이 있으면 추가하십시오.)

3. 관찰, 예화 및 인용문

4. 적용

5. 메모

단원 2

1. 아래 구절들을 찾아보고 묵상하십시오. 가장 마음에 와 닿은 구절을 단원 1의 '감명 깊은 구절'에 추가하십시오. 그 밖의 다른 구절들을 더 추가해 묵상해도 좋습니다.

   누가복음 1:46-47

   시편 16:5-9,11

   시편 126:2-3

   하박국 3:17-18

   요한계시록 15:3-4

2. '감명 깊은 구절'(또는 다른 묵상 구절)에서 하나님을 기뻐하는 것에 대해 말하는 바를 자신의 말로 요약하거나 요약식 개요로 만드십시오.

3. '감명 깊은 구절'에서 하나님 및 하나님의 임재에 관한 진리를 찾아보십시오. 그 진리들 가운데서 어떤 것이 가장 마음에 와 닿습니까? (예: 하나님과 당신의 관계, 하나님의 속성이나 태도, 열망, 약속, 행동 등)

4. 자신을 돌아보면서, 다음 질문에 답하십시오. (둘 중 하나만 할 수도 있습니다.)
   가. 이 과에서 공부한 내용대로 살지 못하도록 막는 생각이나 느낌, 혹은 주저하게 하는 것이 있다면 어떤 것인가?

   나. 이 과에서 공부한 내용이 중요하다는 데 머리로는 동의하지만, 매일의 나의 선택과 행동이 과연 나의 믿음을 나타내고 있는가? 나의 스케줄이나 하나님을 대하는 태도에서 하나님께서는 나에게 어떤 변화를 원하시는가?

5. 이 공부에서 당신의 마음에 와 닿은 진리를 간단한 문구로 만들어 보십시오. 하나님의 임재를 경험하기 위해 자주 활용할 수 있습니다.

6. 당신 가까이에 있는 가족이나 친지, 친구, 이웃, 또는 영적 자녀들 가운데 이 과에서 배운 진리가 도움이 될 사람이 있습니까? 그를 어떻게 도울 수 있겠습니까?

7. 하나님을 기뻐하는 데 도움이 될 새로운 깨달음이나 실제적인 아이디어를 더 주시도록 기도하십시오. 그러한 것이 있으면 여기에 기록하여 개인적으로도 사용하고 다른 사람에게 나누기도 하십시오.

《하나님을 기뻐함》

출처	깨달음 또는 아이디어

13. 복습

단원 1

하나님의 임재를 경험하는 삶에 대해 그동안 살펴본 내용들을 기도하는 마음으로 복습하면서, 어떻게 하면 매일의 삶에서 하나님의 임재를 더욱 깊이 경험할 수 있는지 그 방법을 찾아보십시오.

기도

주님, 이 시간 내 마음을 주님께로 향하옵니다. 나의 관심을 분산시키는 모든 것에서 조용히 물러나 내 마음과 생각을 주님께로 집중하옵니다. 주님께서는 나를 에워싸는 온갖 골칫거리와 시련, 고통과 압력을 다 알고 계시옵니다. 세상사가 어떻게 내 마음과 생각을 사로잡아 내 영혼으로 주님의 사랑과 능력과 임재를 풍성히 경험하지 못하게 막는지를 주님께서는 다 아시옵니다. 이 시간 모든 것을 다 아시는 주님께로 나아가옵니다. 내 안에 계신 주님의 거룩한 존전으로 나아가옵니다. 그곳은 사랑이 충만한 곳이옵니다. 거기서 나의 전 존재가 주님과의 친밀한 교제를 통해 온전한 쉼과 새 힘을 얻게 하옵소서.

주님, 이제 그동안 공부한 여러 과들을 다시 복습하고자 하오니, 나의 생각을 이끌어 주시고, 삶 속에서 주님의 임재를 풍성히 경험하게 하옵소서. 내가 어떤 진리에 초점을 맞추고 살아가기 원하시나이까? 그 진리로 나를 이끌어 주옵소서. 그리하여 지금부터 평생토록 주님의 임재를 풍성히 경험하는 삶을 살게 하옵소서. 아멘.

1. 그동안 '구절 묵상'을 통해 살펴본 말씀들을 기도하는 마음으로 복습하십시오. 그러고 나서 다음의 각 영역에서 당신에게 특히 의미 깊은 구절을 몇 개씩 기록하십시오.

   1) 하나님의 성품과 속성
   (당신의 찬양 기도에 사용하고 싶은 구절)

   2) 당신을 향한 하나님의 생각
   (당신이 하나님께 귀중한 존재임을 보여 주는 구절)

   3) 하나님의 초청과 명령
   (당신이 하나님께 어떻게 응답해야 하는지를 보여 주는 구절)

2. '감명 깊은 구절' 가운데 당신이 하나님의 임재를 더 깊이 경험하도록 가장 영향을 많이 준 구절을 한두 개 옮겨 적으십시오.

3. 12회에 걸친 성경공부에서 했던 적용을 살펴보십시오. 그중에서 앞으로 몇 주 동안 계속 실행하고 싶은 것은 무엇입니까? 또는, 하나님께서 당신 마음 속에 새로운 적용 거리를 주셨다면 그것은 무엇입니까?

4. 하나님께서는 당신에게 어떤 분이십니까? 잠시 생각해 보십시오. 그러고 나서 다음 질문들을 기도하는 마음으로 깊이 생각해 보십시오. 당신 삶에서 새롭게 하나님께 내드리기 원하는 영역이 있습니까? 삶의 우선순위, 인간관계, 소원, 장래 계획 등의 영역에서 변화가 필요한 것이 있습니까? 진정 하나님께서 모든 것의 주님이 되시도록 해드렸습니까? 하나님께서 당신 마음에 말씀하실 시간을 잠시 가지십시오.

5. 12가지의 주제와 관련하여 새로이 관찰한 내용이나 마음에 떠오르는 예화가 있으면 이곳이나 각 과의 단원 1의 문제 3에 기록하십시오.

단원 2

1. 각 과의 요약 또는 요약식 개요(단원 2의 문제 2)를 복습하고, 하나님의 임재를 경험하는 것에 대하여 배운 바를 간략하게 요약하거나 요약식 개요를 작성해 보십시오.

2. 각 과의 단원 2의 문제 5를 복습하고, 당신이 기억하고 활용하기 가장 원하는 것 하나를 옮겨 적으십시오.

3. 지금까지 공부한 주제들을 다시 돌아보면서, 이 공부가 하나님께 대한 잘못된 생각, 두려움, 또는 부정적 감정 등을 극복하는 데 어떤 도움을 주었는지 간단히 기록하십시오.

4. 이 공부를 하면서 하나님께서 당신을 위해 해주신 일을 생각해 보십시오. 하나님께서는 당신을 향한 자신의 사랑을 어떻게 나타내 보여 주셨습니까? 어떻게 당신의 심령을 만족케 해주셨습니까? 어떻게 당신 자신에 대한 당신의 생각을 바꾸어 주셨습니까? 가장 기억에 남는 것 한두 가지를 여기에 기록하십시오.

5. 복습을 하면서 배운 것을 친구나 영적으로 어린 그리스도인에게 편지 등을 통해 나누어 보십시오. 또한 당신이 배운 바를 당신 삶에 잘 적용하고 실천할 수 있도록 그에게 기도를 부탁하십시오. 나누고 싶은 사람들의 이름을 아래에 적고, 각 사람에게 나누고 싶은 내용을 간단히 기록하십시오.

자신이 꿈꾸고 바라고 좋아하는 모든 것을 내려놓고, 전혀 미련을 두지 마십시오. 도리어 하나님께서 우리를 삶이라는 장기판에서 어디로 옮기시든, 삶이라는 정원에서 어디에 심으시든, 기꺼이 받아들이십시오. 자기 생명을 아까워하지 마십시오. 자신의 생명을 사랑하되 하나님을 위해서는 언제든 내어놓을 줄 알아야 합니다. 하나님께서 원하시면 언제 어디서 어떻게든 자신을 하나님께 즐거이 드려 하나님을 기쁘시게 하십시오. 그러나 요즘 그렇게 하는 사람이 참으로 귀합니다.

- 작자 미상

주님, 내게서 어리석음을 제하여 주소서.
나로 빈 컵이 되게 하사
주님께서 채워 주시기만 기다리고 주님만 갈망하게 하소서.
가득 찬 컵에 주님께서 축복을 부으실 수 있을까?
꽉 움켜쥔 손에 넘치게 보물을 주실 수 있을까?
주님, 나를 비워 주시고 주님만 갈망하게 하소서.
일찍이 맛보았던 주님의 떡만이 참된 만족을 내게 줄 수 있나이다.

- 작자 미상

"누구든지 목마르거든 내게로 와서 마시라"(요한복음 7:37). 목마르지 않은 사람이 누구일까요? 정신적 목마름이든 감정적 목마름이든, 영적 목마름이든 신체적 목마름이든 느끼지 않는 이가 누구일까요? 그중 어떤 목마름을 느끼든, 아니면 온갖 목마름을 다 느끼든, 예수님께서는 "내게로 오라"고 초청하십니다. 그리고 "내게로 와서 계속 목마른 채로 있으라"고 하십니까? 아닙니다! "내게로 와서 마시라!"고 하십니다.

무엇이라고요? 예수님께서 나의 필요를 채워 주실 수 있다고요? 그렇습니다. 채워 주시는 것 그 이상입니다. 가는 길이 아무리 험하고, 사역이 아무리 힘들고, 아내를 잃은 것이 아무리 슬프고, 사랑하는 자녀들이 아무리 멀리 있고, 영혼의 갈증이 아무리 심하고, 아무 의지할 데가 없을지라도, 예수님께서는 나의 모든 필요를 채우실 수 있습니다. 모든 필요를! 그리고 채워 주시는 것 그 이상입니다.

− 허드슨 테일러

하나님께서 우리와의 교제를 원하신다는 것은 성경 말씀을 통해 우리에게 전해지는 아주 경이로운 사실입니다. 이 사실은 그 자체가 놀랍기 짝이 없는 것이어서 그 의미와 중요성을 온전히 파악하기란 지극히 어렵습니다.

하나님께서 피조물들에게 자신과의 교제를 허락하신다는 것만 해도 놀랍기 그지없는 일인데, 하나님께서 친히 그 교제를 원하실 뿐더러 그 교제가 하나님께 만족과 기쁨과 즐거움을 드린다니, 너무도 불가사의하여 우리 머리로는 도저히 이해할 수 없을 정도입니다.

− '경건의 시간'에서

다음 공부를 위한 제안

본서를 통해 당신은 하나님에 관하여, 그리고 하나님과 당신의 관계에 관하여 많은 것을 배울 수 있었습니다. 시간이 지나면서 당신은 하나님의 성품, 하나님의 태도, 하나님의 열망과 목적, 그리고 당신을 위한 관심과 계획 등 우리 주 하나님에 대해 더 공부하고픈 생각이 들 것입니다. 언제든 본서에서 공부하지 않은 주제에 대한 성경 말씀이 떠오르면 아래 빈칸에 적어 두었다가 나중에 더 자세히 공부해 보기 바랍니다. 많은 도움이 될 것입니다.

참조 구절	주제

참고 도서

하나님을 깊이 아는 데 도움이 되는, 저자의 다른 책

    찬양-하나님의 존전으로 통하는 문, 워렌 & 룻 마이어즈.
    찬양의 31일, 룻 마이어즈.
    기도의 31일, 워렌 & 룻 마이어즈.
    효과적인 기도, 워렌 & 룻 마이어즈.
    완전한 사랑, 룻 마이어즈.
    하나님의 속성을 경험함, 워렌 & 룻 마이어즈.

묵상과 성경공부에 도움이 되는 책

    묵상, 짐 다우닝.
    네비게이토 성경공부 방법, 네비게이토.

저자 소개

저자인 워렌과 룻 마이어즈 부부는 선교사로서 주님의 복음을 위하여 평생을 바쳤습니다. 그들은 주로 아시아에서 주님의 제자를 삼고 일꾼을 배가함으로 그리스도의 지상사명을 성취하는 일에 헌신하였습니다.

남편인 워렌은 제2차 세계대전이 끝나기 직전 미국 육군항공대에서 복무하던 중 예수 그리스도를 개인의 구세주로 영접하였습니다. 전쟁이 끝나고 대학에서 네비게이토 성경공부에 참석하면서 영적으로 성장하였고, 해외 선교사로서 주님을 섬기기로 헌신하였습니다.

그는 1949년에 대학을 졸업하고 네비게이토 간사가 되어 3년 동안 훈련을 받으며 사역을 하였고, 마침내 1952년에 선교사로 아시아에 파송되어, 일생의 거의 대부분을 홍콩, 인도, 베트남 등 아시아에서 보내다가 2001년 주님께로 돌아갔습니다.

아내인 룻은 10세 때 어머니의 인도로 예수님을 개인의 구세주로 영접한 후, 16세 때 하나님께서 원하시면 무엇이든지, 그것이 해외에 선교사로 나가는 것일지라도, 기꺼이 하겠다고 헌신하였습니다. 그 후 영적으로 성장하기 시작하였고, 네비게이토 간사로 주님을 섬기게 되었으며, 남편과 함께 아시아에서 주님의 제자를 삼고 일꾼을 배가하는 일에 헌신하였습니다. 노년의 나이에도 저자는 끊임없이 하나님을 더 깊이 알기를 갈망하고 있으며, 하나님의 사랑은 참으로 완전하다는 것을 배우고 있습니다. 그 결과가 '완전한 사랑'이라는 책입니다.

하나님의 임재를 경험함

―――――――――――

2010년 12월 20일 초판 1쇄 발행

펴낸곳: 네비게이토 출판사 ⓒ
펴낸이: 조 성 동
주소: 120-600 서울 서대문 우체국 사서함 27호
120-836 서울시 서대문구 창천동 497
전화: 334-3305(대표), 334-3037(주문), FAX: 334-3119
출판등록: 제10-111호(1973년 3월 12일)
ISBN 978-89-375-0411-2 04230

본서는 미국 NavPress와의 계약에 의하여 번역 출간한 것이므로
본서의 전부 또는 일부의 무단 복제, 또는 원문에 대한 무단 번역을 금합니다.